国家社科基金项目"国外互联网治理的理念、模式及借鉴研究"资助支持

网络平台
法律责任探究

杨 乐 著

电子工业出版社
Publishing House of Electronics Industry
北京·BEIJING

未经许可，不得以任何方式复制或抄袭本书之部分或全部内容。
版权所有，侵权必究。

图书在版编目（CIP）数据

网络平台法律责任探究 / 杨乐著. —北京：电子工业出版社，2020.7
ISBN 978-7-121-36558-4

Ⅰ. ①网… Ⅱ. ①杨… Ⅲ. ①计算机网络管理－法律责任－研究－中国 Ⅳ. ①D922.174

中国版本图书馆 CIP 数据核字（2019）第 091695 号

责任编辑：李　敏　　特约编辑：武瑞敏
印　　刷：三河市鑫金马印装有限公司
装　　订：三河市鑫金马印装有限公司
出版发行：电子工业出版社
　　　　　北京市海淀区万寿路 173 信箱　邮编 100036
开　　本：720×1 000　1/16　印张：14.25　字数：206 千字
版　　次：2020 年 7 月第 1 版
印　　次：2020 年 7 月第 1 次印刷
定　　价：88.00 元

凡所购买电子工业出版社图书有缺损问题，请向购买书店调换。若书店售缺，请与本社发行部联系，联系及邮购电话：(010) 88254888，88258888。
质量投诉请发邮件至 zlts@phei.com.cn，盗版侵权举报请发邮件至 dbqq@phei.com.cn。
本书咨询联系方式：(010) 88254753，limin@phei.com.cn。

序

网络平台的兴起是当今互联网发展最突出的特征之一。过去几年，科技创业者在讨论商业模式时常说，要做某个领域的 Airbnb、滴滴。美国的在线短租平台 Airbnb 和中国的滴滴出行代表着一种现象——他们不拥有汽车，不拥有房屋，而是通过做服务提供者和消费者的高效对接桥梁，在用户规模、交易规模方面超过了任何一家跨国酒店集团和出租车公司。技术驱动的网络平台带来了大规模的社会化协作，它是连接者、匹配者，也是互联网商业化最具创新精神的关键部分。

网络平台的发展取得了瞩目的成就，当然也面临着快速发展带来的新问题，给全球法治带来了巨大的挑战和机遇。而所有的质疑和争论可以归结为两点：一是互联网与法律的关系非常密切，不同的规则对网络平台的影响截然不同；二是网络平台治理究竟需要什么样的制度体系，各界的认识还不统一。

法律对于创新和发展，往往起到基础性的作用。回顾历史，英国《经济学人》杂志将有限责任制度作为工业文明时代最为伟大的发明，正是因为它免除了企业家的后顾之忧，刺激了工业文明的大发展。相反，150 多年前的《红旗法案》使英国错失了当年成为汽车大国的机会，将发展汽车产业的大好机会拱手让给了大西洋对岸的美国。由此可见，法律是把双刃剑，设计得好，是创新发展的助推器、加速器；设计得不好，是前进的绊脚石、无形障碍。

网络时代法律面临的挑战尤为突出，因为网络技术及应用迭代更新迅速，使得传统法律规则逐渐过时。例如，用批发市场来界定平台经济，用管理酒店的方法来管理短租平台，都不符合网络平台的基本特征。网络平台的发展在快速改变人们的生活与工作，而很多制度、理论均已滞后，亟待研究突破。

众所周知，网络平台法律责任的全面研究是当今网络法研究领域难度极高的课题。究其原因有：一是网络平台是互联网商业化的新产物，进入研究视野不过短短十多年的时间，对其研究需要对行业有深入的理解和开创性思维；二是实践中网络平台的形态、特点、技术能力一直在快速变化中，相应地，法律关系、法律责任也一直处于动态调整中，既需要细分研究，也需要整体把握；三是网络平台的法律责任涉及多个法律领域，从民商法、知识产权法、经济法，到刑法、行政法，甚至宪法、国际法，无一不在其中，内涵深刻、外延丰富，组织跨众多部门法的研究，需要一定的学术担当，更需要深厚的理论支持和融会贯通的能力。

因此，我很欣慰地看到杨乐博士的这本《网络平台法律责任探究》付梓出版。杨乐是我的学生，也是我在网络法研究中的益友。她不仅理论功底扎实，更因为工作关系，这些年一直保持着对互联网技术、产业、政策最密切的追踪和观察，对网络平台的民事、刑事、行政责任有着全面、细致的理解，对智能互联网时代网络平台法律责任的新变化、新问题也有着独到、开阔的洞察。特别是在博士后研究期间，更是将网络平台法律责任作为主要课题，进行了系统、深入的研究。

《网络平台法律责任探究》不仅是杨乐博士后研究成果的集中展现，更是她这些年所见所思的积累。本书的一大亮点是理论与实践的完美结合，独创性地提出网络平台类型化模型，对各类平台责任进行区别研究，并对算法推荐新闻、个人数据泄露、广告的程序化购买等新问题给出了富有前瞻性和责任感的观点。本书的另一大亮点是兼具产业视角和国家战略视角，不仅有对平台的角色定位、技术可行性的分析，更是将网络平台责任问题置于当前我国正在从"网络大国"迈向"网络强国"的战略背景下考量，意义重大。

期待本书能够使广大读者对网络平台的法律责任有一个全面、清晰的理解，期待本书能够为管理部门、高校和智库的相关人士，以及互联网从业者们提供有价值的参考和积极帮助。

周汉华

2020年5月于北京

前　言

回首人类文明史，波澜壮阔的大航海时代第一次将分布在各大洲的文明与物种相连接，使人类实现物理意义的连接；而互联网时代将人类科技、工业、文化等进一步相连相融，使人类实现精神意义的连接。网络平台化趋势开启后，网络平台更呈现出与工业革命后诞生的传统企业截然不同的枢纽属性。

互联网平台在近几年呈现爆发趋势，得益于宽带互联网、大数据、云计算等技术的迅速普及和迭代。在强大的数据能力、运算能力、信息安全能力的加持下，随着全球智能硬件渗透率不断提升，整个互联网迎来了商业模式的完美升维，一大批具有行业影响力的互联网创新型企业蓬勃涌现。2017年3月，科技部火炬中心联合长城企业战略研究所发布的《2016年中国独角兽企业发展报告》显示，2016年全国互联网独角兽企业达到131家，比2015年增加了70家。从全球看，我国独角兽企业数量和美国相当，反映了中国整体创新实力快速提升。中美两国独角兽企业数量遥遥领先，在全球范围内仅有英国出现了10家独角兽企业。从国内看，区域创新生态进一步优化，16个城市有独角兽企业，北京、上海、深圳、杭州成为这些企业的主要集聚地。从领域看，电子商务、互联网金融、智能硬件、交通出行成为独角兽企业集中领域，智能经济、平台经济及共享经济正在孕育更多的独角兽。

另外，近两年针对互联网平台公司的指责和批评，在大洋两岸几乎同时爆发。多年来，意气风发的互联网创始人一改商业新贵、创新引领的明星形象，脸书创始人扎克伯格在"数据门"后接受了国会多次质询，并向公众道歉。如何理解这一转变，网络平台法律责任往往成为讨论的关键。

如何理解这一"悖论"、如何看待互联网平台与行业整体发展的关系，以下几点应当认清。

(1) 平台化是互联网发展的客观趋势。

就像 IT 产业发展遵循摩尔定律一样，新用户增加带来消费的效用递增，不断创造新的需求。在此背景下，一些互联网企业通过为用户提供更多、更好的产品与服务，不断满足用户新的、更高层次的需求，在市场竞争中脱颖而出，从最初的网络产品服务提供商成长为平台型大公司。水深鱼大、海阔鱼跃，网民规模的增长和各类需求的不断释放是平台型企业产生的基础性环境。

(2) 在互联网行业充分竞争背景下，平台地位并非与生俱来或一成不变。

在世界范围内，互联网的商业化历程不过 20 多年，就已见证了一些大型互联网平台的兴起与衰落。雅虎及我国几大门户网站，作为信息资讯的聚合者，是早期的互联网平台。随着搜索引擎的兴起，特别是近几年算法推荐类新闻阅读模式的快速发展，门户作为资讯聚合平台的地位旁落。平台型企业也并不限于社交、电商、搜索领域，在我国估值超过 100 亿美元的新兴互联网企业中，交通领域的滴滴出行、餐饮起家的美团点评、信息流领域的今日头条等，正在成为新的网络平台。能否坚持以用户价值为依归，坚持人本化的发展理念，不断为用户创造价值，提升社会总体福利，是平台持续发展能力的根本检验。

(3) 对互联网平台的考量应当放到开放的市场经济环境下，并兼具全球格局和国家战略视角。

与石油等传统行业不同，互联网以信息为基础，资源具有可复用性和非独占性。科技进步、消费升级创造了丰富多元、近乎无限的应用场景与个性需求。人工智能、虚拟现实等新技术的不断发展，为行业"洗牌"提供了新的契机。面对颠覆性技术与应用，仅凭企业规模大，并不能确保优势。新应用场景的不断出现，使得原有互联网平台并不具有传统行业所谓的"垄断"地位。即使在某一领域，用户需求的多元化、个性化和快速变化也使产业呈现百花齐放的竞争态势。判断一家互联网平台对产业发展的价值，是否坚持开放战略是很重要的一个指标。在以信息生产为基础的互联网领域，平台的开放战略会激发行业、产业和整个经济领域的创新活力，优化供给侧改革，促进社会生产效率的提升。

反对垄断并不是反对规模大的经济实体，反对"大而有罪"的简单归因；更应当反对的是人为设立的市场垄断门槛，我们需要保持的是市场自由进出的经营环境，有灵活的准入和退出机制。此外，当前面临的市场经济环境已经由封闭性走向开放性，国际经贸交往日益频繁，我国正在从"网络大国"迈向"网络强国"，越来越多的国内互联网企业"走出去"参与国际竞争。因此，对同一个经济实体的价值考量，应当兼具全球性格局和战略视角。

（4）平台的多重链接节点重新塑造社会关系与规则。

平台在复杂的商业和社会活动中"扮演了基础服务商、资源调度者的角色"[1]，改变了传统的生产方式与信息传播方式、社会组织形式，融合了生产与消费的边界、信息制造与信息消费的边界，推动了大众供给与大众需求的结合。在平台模式下，每个节点都产生效能，这大幅提升了各种社会活动链接的效率，也产生了前所未有的动员效果。这些变化给社会、经济、生活带来全面挑战，财富集中、权力转移与秩序重构，成为网络平台时代明显特征。新的平台重新塑造各方关系，也使得政府监管与平台的关系发生相应变化。

以上几种情况，都给法律规则运行与制度变迁带来新的挑战，网络平台公共政策供给出现不足。每当与互联网平台有关的热点话题出现时，互联网平台的法律责任及其边界厘清都成为焦点——围绕以平台为核心的网络法律制度如何实现有效供给及公共政策重塑，而这也正是本书的意义所在。

本书从网络平台经济发展入手，指出网络平台法律责任的实质，是依据利益相关性原则，创造性提出网络平台类型化模型，从具体法律行为、法律场景入手，建立起以平台为核心的网络社会法律政策供给制度。

第一章梳理了网络平台的定义和历史演进，分析了我国网络平台责任立法的特点及研究起源，随着互联网运营主体由政府过渡到企业，社会结构由一元制变迁至多元化，原有的治理手段明显不足且执法条件趋难，互联网领域的政企关系面临重塑。

第二章对网络平台进行了类型化研究，对以平台为中心的生态结构进行剖析，并以利益相关性为原则，独创性提出"网络平台类型化模型"，根据网络运营者对具体经营活动的参与程度，将其分为三类：第一类仅提供技术、不直接参与经营活动的网络运营者；第二类提供技术和市场条件、部分参与经营活动的网络运营者；第三类有直接利益，网络运营者提供技术支持、市场条件，并且直接提供商品或服务，直接参与具体经营活动。第三类已经不再是网络平台，而是最有利益相关性的网络经营者。在这种情况下，网络运营者不仅仅是生产关系中的中介角色，而是开始自己直接参与网络经营活动。对网络运营者类型化的难点在于：互联网业务的"混业经营"现状，既可能是服务的提供者，又可能是服务的接受者，只能在具体场景下结合利益相关性原则、根据具体行为制定划分标准，而不能简单地给一个网络平台做单一界定。

第三章对网络平台的民事、刑事责任展开分析。在著作权、人格权等民事侵权领域，已经形成了较为完善的"避风港原则"，这种基于"通知-删除"或"通知-反通知"的制度安排，既有助于民事纠纷的解决，也避免了平台负担不合理义务或严格责任，因此为多数国家所普遍采用。本章按照网络平台类型化模型，分别对不直接参与经营活动、部分参与经营活动的网络平台及直接参与经营活动的网络运营者的民事、刑事责任进行验证分析。

第四章重点对网络平台的行政责任进行深入探究。网络平台的行政责任立法的核心和起源，是针对网络各类违法信息的发现、处理。本章从历史的角度全面回顾中国互联网治理的认知演变、网络平台行政责任立法的历史阶段、特点，同样也按照网络平台类型化模型梳理的三类主体，对不直接参与经营活动、部分参与经营活动的网络平台的行政责任及直接参与经营活动的网络运营者的行政责任，结合我国现有立法规定进行分析，对我国网络平台行政责任立法的现存七大问题进行归纳。

第五章对智能互联网时代的网络平台责任研究中发生的新问题引发新思考。个人数据应用构成智能互联网时代基础，但算法推荐新闻、个人数据泄露、广告的程序化购买等问题随之而来。脸书"数据门"事件在2018年春让世人瞠目，在智能互联网时代背景下，以"避风港原则"为依据的网络平台责任归责原则是否依然有效？笔者在对中国、美国、欧洲等国家和地区最新产业及法律规则研究考察后，归纳出网络平台责任的"四变两不变"。四点变化：第一，互联网产业版权环境及版权意识整体变强；第二，大数据等新技术的应用使得网络平台对传输内容的掌控程度提高，对其主观过错的抗辩空间变小；第三，网络平台方从侵权内容中分享收益，中立性变弱；第四，网络平台是否主动对传播内容进行审查过滤的义务变强。但是，最核心的两点因素没有改变：一是网络平台自身的枢纽属性没有改变；二是归责的基本立场没有改变，内容发布者承担直接侵权责任，网络平台承担类似间接侵权或帮助侵权责任。因此，本书得出网络平台责任的整体框架体系并没有发生根本性变革的最终研究结论。

本书是2016年国家社科基金"国外互联网治理的理念、模式及借鉴研究"（16AXW006）的阶段性成果。因时间和水平局限，书中难免存在错漏之处，恳请读者批评指正。

杨 乐

2020年5月

目 录

第一章 网络平台责任问题起源 … 1

第一节 研究背景 … 1
一、网络平台定义及历史演进 … 1
二、我国网络平台法律责任特点 … 3

第二节 研究起源 … 9
一、互联网运营主体由政府过渡到企业 … 9
二、社会结构由一元制向多元化社会变迁 … 10
三、原有治理手段不足且执法条件趋难 … 10
四、互联网领域政企关系面临重塑 … 11

第二章 网络平台的类型化研究 … 13

第一节 网络平台的生态结构 … 13
一、互联网的活动主体 … 13
二、互联网主体间的关系 … 15

第二节 网络平台的类型划分 … 16
一、二分法 … 17
二、网络平台类型化模型构建——三分法 … 19
三、网络平台类型划分的难点 … 22

第三节 网络平台责任的理论依据 …………………………………… 27
　　一、"守门人"理论与平台责任 …………………………………… 27
　　二、负外部性与平台责任 …………………………………………… 28

第三章　网络平台的民事、刑事法律责任 ……………………………… 29
　第一节 网络平台民事责任的国际趋势 ………………………………… 29
　　一、网络平台民事责任的国际做法 ………………………………… 30
　　二、平台有限责任的国际共识 ……………………………………… 39
　　三、网络平台民事责任的思考 ……………………………………… 43
　第二节 网络平台的民事法律责任 ……………………………………… 45
　　一、不参与经营活动的网络平台民事责任 ………………………… 45
　　二、部分参与经营活动的网络平台民事责任 ……………………… 54
　　三、直接参与经营活动的网络运营者民事责任 …………………… 64
　第三节 网络平台的刑事责任 …………………………………………… 69
　　一、拒不履行网络安全管理义务罪 ………………………………… 70
　　二、帮助信息网络犯罪活动罪 ……………………………………… 72
　　三、网络运营者的正犯形态 ………………………………………… 75
　　四、犯罪预备行为的独立入罪 ……………………………………… 76

第四章　网络平台的行政责任研究 ……………………………………… 78
　第一节 网络平台行政责任的立法演变及特点 ………………………… 78
　　一、中国互联网治理的认知演变 …………………………………… 78
　　二、网络平台行政责任立法的历史阶段 …………………………… 87
　　三、网络平台行政责任的特点 ……………………………………… 90
　第二节 网络平台的行政法律责任 ……………………………………… 94
　　一、不参与经营活动的网络平台行政责任 ………………………… 94
　　二、部分参与经营活动的网络平台行政责任 ……………………… 102

三、网络平台行政责任的义务体系 …………………………… 106

　　四、网络平台行政责任的确定 ………………………………… 112

　　五、德国《改善社交网络执行法》 …………………………… 121

第五章　智能互联网时代的网络平台责任 …………………………… 125

　第一节　"用户画像"构筑智能互联网时代基础 ………………………… 125

　　一、用户画像的概念 …………………………………………… 126

　　二、用户画像的产业应用 ……………………………………… 128

　　三、智能互联网时代网络平台的新型数据义务——
　　　　以用户免受自动化决策为例 ……………………………… 132

　第二节　智能互联网背景下的网络平台责任再思考 …………………… 134

　　一、脸书"数据门"事件简析 ………………………………… 135

　　二、网络平台责任的变与不变 ………………………………… 137

　　三、由法定责任转向强制保险——以自动驾驶中责任分析为例 …… 148

结论 ……………………………………………………………………… 151

附录 ……………………………………………………………………… 153

参考文献 ………………………………………………………………… 206

后记 ……………………………………………………………………… 211

第一章

网络平台责任问题起源

第一节 研究背景

一、网络平台定义及历史演进

本书所探讨的网络平台是指,平台本身不生产产品,但可以促成双方或多方供求之间的交易,收取恰当的费用或提供配套的增值服务而获得收益。以下对网络平台的讨论范围严格限定在连接双边或多边关系的网络运营商,即网络运营商是网络平台的上位概念。

按照历史演进脉络和提供商品或服务的复杂性程度,网络平台大致可分为以下3个阶段。

（一）网络信息传输平台

最初的互联网就是一个信息发布的渠道和平台,双方或多方用户通过互联网进行信息交流与传输。此时,网络信息传输平台不参与用户的内容发布,只提供中立的技术传输介质。因此才有版权法领域中的"避风港原则"出现。互联网信息传输过程可以描述为:信源→信道→信宿。其中,"信源"是信息的发布者,即上载者;"信宿"是信息的接收者,即最终用户;"信道"就是信息发布的平台、通道,即网络信息服务提供者,也就是最初的网络信息传输平台。因此,网络信息平台可以简单表述为用户提供信息发布服务的平台。网络信息传输平台又可以细分为门户平台、搜索平台、社交平台等，如通常使用的网站、论坛、博客、搜索引擎、微博、微信等。

（二）网络交易平台

随着互联网的深入发展，越来越多的商户开始利用网络销售商品或提供服务，从而演化出专门设立的为商品销售者和服务提供者提供网上交易服务的平台，即网络交易第三方平台。这里的"第三方"是针对交易的买卖双方而言，平台不是买方，也不是卖方，只是为供需双方对接、促成交易而提供交易服务的中间平台。

随着网络交易平台的不断发展，可以提供的交易服务也日渐丰富。从商品的展示、广告宣传、定价议价、在线支付、物流，再到理财等金融衍生的功能不断加入。根据商务部发布的《第三方电子商务交易平台服务规范》[1]规定："第三方电子商务交易平台（以下简称第三方交易平台）是指在电子商务活动中为交易双方或多方提供交易撮合及相关服务的信息网络系统总和。"原国家工商总局《网络交易管理办法》第22条规定："第三方交易平台经营者应当是经工商行政管理部门登记注册并领取营业执照的企业法人。前款所称第三方交易平台，是指在网络商品交易活动中为交易双方或者多方提供网页空间、虚拟经营场所、交易规则、交易撮合、信息发布等服务，供交易双方或者多方独立开展交易活动的信息网络系统。"常用的淘宝、天猫、京东、唯品会等都属于第三方交易平台。商品展示、要约承诺、商品的支付、运输、评价、纠纷解决等全部在线上完成。

（三）网络综合性平台

在这一阶段，网络已经远远超越促成商品或服务的交易这一功能。不仅出现了各种各样、不同细分垂直领域的网络平台，还出现了同一个网络平台上综合性地开展不同领域的业务，类似银行业的"混业经营"模式，因此笔者暂且归纳为"网络综合性平台"。例如，豆瓣网，原来是一个爱好

---

[1] 商务部.《第三方电子商务交易平台服务规范》（商务部公告2011年第18号）。

电影、小说、音乐等文艺青年聚集、发帖、在线互动的垂直类兴趣社交网站，现在自然延伸增加了"电影直接观看""电影票在线售卖"等功能，进一步满足这类用户的需求，看到精彩的电影评论，自然产生了在线或线下观看电影的需求，从一个单纯的兴趣社区演变为集网络信息发布平台、网络视频服务平台和电子商务平台于一体的网络综合性平台。

随着各个行业的互联网化不断深入，越来越多的传统行业、商业领域与互联网深度融合。网络平台通过移动互联网技术将分散的主体和信息聚合在一起，大大消除了信息的不对称，提高了各种社会活动发生连接的效率，也产生了前所未有的动员效果，更多主体连接到平台，在众多领域已经或正在深刻改造和升级传统产业。网络平台在复杂的商业和社会活动中开始"扮演了基础服务商、资源调度者的角色"[1]。例如，媒体一般都是有实体的、有组织的机构，现在每个人都依托平台有可能成为发布信息、观点和意见的自媒体；在城市乘车出行，传统的出行方式是开私家车、乘坐出租车或到租赁公司租车，而在网络预约出租汽车盛行的背景下，很多都是兼职司机开着私家车从事经营活动。O2O 平台、P2P 金融平台、社交平台、游戏平台、搜索平台、短租平台等层出不穷。

二、我国网络平台法律责任特点

网络平台的法律责任是指网络平台对于用户在使用他们的服务时做出了非法或有害行为而应当承担的法律责任。在讨论网络平台的法律责任之前，有必要厘清网络平台法律责任的几类主体性质。

通过对我国现行法律条文的梳理，可以发现我国网络平台法律责任呈现的几个特点。

（一）网络平台法律责任的确定，源于电子商务领域

我国学界对网络平台法律责任的关注大多始于电子商务经营模式，从2010年国家工商总局发布的《网络商品交易及有关服务行为管理暂行办法》（第

49 号令,已经废止)中第一次出现"提供网络交易平台服务的经营者"概念起,到 2013 年《消费者权益保护法》第 44 条明确提出"网络交易平台",再到 2014 年国家工商总局《网络交易管理办法》(第 60 号令,取代第 49 号令)第 22 条进一步提出的"第三方交易平台"、国家食品药品监督管理总局 2016 年《网络食品安全违法行为查处办法》(第 27 号令)提出的"网络食品交易第三方平台"等,各个垂直监管部门都陆续开始承认网络交易第三方平台的独立法律地位。

(二)网络平台缺乏明确统一的定义

不论是电商领域,还是其他领域,在立法上和学术界都缺乏一个明确统一的"网络服务提供者"定义,立法中习惯直接列明法律义务。在电商领域,人们普遍认为,平台是指为交易双方或多方提供交易撮合及相关服务的信息服务提供者。因此,网络交易第三方平台不是交易双方。在微信等即时通信服务领域,则出现了另一对关系:"即时通信工具服务使用者"和"即时通信工具服务提供者"。这里虽然没有出现"平台"的表述,但其实后者就是我们所说的"平台"的一种,即时通信服务平台,即微信;而前者"即时通信工具服务使用者"是指从事公众信息服务的自媒体。

我国现有法律规范中对网络服务中的主体概念有很多,如互联网经营者、互联网信息服务提供者等,互联网平台的概念有所提及,但是比例并不高。理论上,对互联网服务提供者的概念主要是 ISP(Internet Service Provider)和 ICP(Internet Content Provider)的区分。ISP 即互联网服务提供者,又称为在线服务提供商(On-line Service Provider),ICP 即网络内容提供者。两者中的 ISP 更接近平台的定性,两者的义务和责任的区别是互联网主体责任中很重要的内容,但是,越来越多互联网平台的出现,以及平台类型日趋复杂多样,使得纯粹的 ISP 和 ICP 的界限愈加模糊。互联网平台更多地融合了 ISP 和 ICP 两者的元素,再简单以两者的分类来讨论义务和责任问题已经捉襟见肘,平台的概念和内涵也因此有必要做更深层次的讨论。

我们对涉及互联网平台的相关法律规范做了梳理,发现从 2008 年商务部的部门规章中首次出现"网络购物平台"的概念,到2016年交通运输部的部门规章中出现"网约车平台公司"的概念,在近10年时间里,互联网平台概念出现的机会有所增加。但是网络平台的概念还不明确,其内涵和外延仍有继续讨论的空间。

2009年,商务部发布的《网络购物服务规范》对平台进行了界定,认为"网络购物平台指为各种网络购物(包括B2B、B2C、C2C和G2B)提供网络购物交易空间服务的计算机网络系统"。商务部2009年发布的《电子商务模式规范》没有对平台进行界定,而是在对B2B、B2C和C2C进行定义时使用了"平台"的概念,如规定"网上商店(B2C)是指具有法人资质的企业或个人在互联网上独立注册网站、开设网上虚拟商店,出售实物或提供服务给消费者的电子商务平台"。

2010年,新闻出版总署发布的《关于促进出版物网络发行健康发展的通知》使用了"出版物网络交易平台"的概念,但是没有进行界定。

2011年,商务部发布的《第三方电子商务交易平台服务规范》不仅明确使用了"第三方电子商务交易平台"的概念,而且第一次对这一概念进行了清晰界定:"第三方电子商务交易平台(以下简称第三方交易平台)是指在电子商务活动中为交易双方或多方提供交易撮合及相关服务的信息网络系统总和。"

2013年,新修订的《消费者权益保护法》第44条使用了"网络交易平台"和"网络交易平台提供者"的概念,但并没有对这两个概念进行界定。

2013年文化部发布的《网络文化经营单位内容自审管理办法》使用了"平台"一词,要求"网络文化经营单位应当通过技术手段对网站(平台)运行的产品及服务的内容进行实时监管"。

2014年,国家工商总局发布的《网络交易管理办法》第22条规定,"第三方交易平台经营者应当是经工商行政管理部门登记注册并领取营业执照的企业法人。前款所称第三方交易平台,是指在网络商品交易活动中为交易双方或者多方提供网页空间、虚拟经营场所、交易规则、交易撮合、信息发布等服务,供交易双方或者多方独立开展交易活动的信息网络系统。"同年,国家工商总局发布的《网络交易平台经营者履行社会责任指引》也对"网络交易平台（第三方交易平台）"做了明确界定，定义和《网络交易管理办法》完全相同。

2015 年 3 月 2 日《北京市高级人民法院关于审理电子商务侵害知识产权纠纷案件若干问题的解答》则采用了"电子商务平台经营者"的提法，认为电子商务平台经营者是指为电子商务提供交易平台，即为交易信息的公开传播提供网络中间服务的网络服务提供者。同年 3 月，国家食品药品监督管理总局发布的《食品召回管理办法》也延续了"网络食品交易第三方平台"的用法。2015 年 4 月 24 日，全国人民代表大会常务委员会通过修订的《中华人民共和国食品安全法》也采用了"网络食品交易第三方平台"的概念，但是没有对概念进行定义。

2015 年 6 月 24 日，国务院办公厅发布的《关于运用大数据加强对市场主体服务和监管的若干意见》在谈及加强对电子商务领域的市场监管时提出要"明确电子商务平台责任"。

2015 年 8 月 18 日，国家食品药品监督管理总局发布的《互联网食品药品经营监督管理办法（征求意见稿）》中规定，"第三方交易平台是指在互联网食品药品经营活动中为双方或多方提供网页空间、虚拟经营场所、交易规则、交易撮合、电子订单等服务，供交易双方或多方开展交易活动的信息网络系统"。

2015 年 9 月 1 日起施行的新版《广告法》第 45 条没有使用"网络平台"的概念，第一次出现了"互联网信息服务提供者"这一主体，以及"发布平台"的提法，规定"公共场所的管理者或者电信业务经营者、互联网信息服务提供者对其明知或者应知的利用其场所或者信息传输、发布平台发送、发布违法广告的，应当予以制止"。

2015 年曾征求意见的《互联网食品药品经营监督管理办法（征求意见稿）》最终没有出台，而改以《网络食品安全违法行为查处办法》于 2016 年 3 月 15 日颁布，并自同年 10 月 1 日起实施，新办法没有对平台进行定义，而使用了"网络食品交易第三方平台提供者"的概念。

2016 年 5 月 31 日，国家新闻出版广电总局和商务部发布的《出版物市场管理规定》使用了"提供出版物发行网络交易平台服务的经营者"

这一概念。

2016 年 7 月 28 日，交通运输部发布的《网络预约出租汽车经营服务管理暂行办法》第 2 条规定："本办法所称网络预约出租汽车经营者（以下称网约车平台公司），是指构建网络服务平台，从事网约车经营服务的企业法人。"

2016 年 11 月 7 日，全国人民代表大会常务委员会通过的《中华人民共和国网络安全法》中没有出现平台的概念，但是为网络运营者和关键信息基础设施设定了义务，平台属于网络运营者，绝大多数平台应当符合"关键信息基础设施"的定义。

2018 年 8 月 31 日通过的《电子商务法》，其相关条款内容经过了多次论证。《电子商务法》第 9 条首次以"法律"形式对"电子商务平台经营者"进行界定，并最终确定电子商务活动中的几类主体，分别是电子商务经营者（通过互联网等信息网络从事销售商品或者提供服务的经营活动的自然人、法人和非法人组织，包括电子商务平台经营者、平台内经营者，以及通过自建网站、其他网络服务销售商品或者提供服务的电子商务经营者）、电子商务平台经营者（在电子商务中为交易双方或者多方提供网络经营场所、交易撮合、信息发布等服务，供交易双方或者多方独立开展交易活动的法人或者非法人组织）、平台内经营者（通过电子商务平台销售商品或者提供服务的电子商务经营者）。以电子商务平台经营者为中心，构建了电子商务经营者的义务与责任。

除上述法律规范和文件之外，其他立法对互联网平台这一形态的表述是"互联网服务提供者""网络信息服务提供者"，或者在不同领域中还有具体概念。20 世纪 90 年代以来，我国关于互联网规制的一系列法律、法规和部门规章中其实都有关于"网络信息服务提供者"的规定。例如，2000 年国务院通过的《互联网信息服务管理办法》，2004 年国家广播电影电视总局通过的《互联网等信息网络传播视听节目管理办法》，2005 年公安部通过的《互联网安全保护技术措施规定》，2007 年国家广播电影电视总局、信息产业部通过的《互联网视听节目服务管理规定》，2011 年文化部通过的《互联网文化管理暂行规定》，2012 年全国人民代表大会常务委员会通过的《关于加强网络信息保护的决定》及 2015 年全国人大常委会通过的《中华人民共和国刑法修正案（九）》，都对网络服务提供者的法律责任做出了不同程度的规定。

在其他国家，指代网络平台的名词也有很多。

（1）网络运营商（Network Operators）：移动网络运营商（如 MTN、Safaricom）、大城市或全国性的网络运营商、互联网交换商。

（2）网络基础设施提供商（Network Infrastructure Providers）：为网络运营商创设并维护网络的提供商，如思科、华为、爱立信、Dark Fibre Africa。

（3）互联网接入提供商（Internet Access Providers，IAPs）：提供互联网接入服务的公司，如 Comcast（美国）、MWeb（南非）、AccessKenya（肯尼亚）；较小规模的，如网吧、Wi-Fi、热点提供商。

（4）互联网服务提供商（Internet Service Providers，ISPs）：即提供互联网一般服务的公司，如电子邮件提供商。许多 IAPs、网络运营商同时也是 ISP，这些词汇常互换使用。

（5）主机服务提供商（Host Service Providers）：提供在线主机与存储服务的公司。

（6）社交网络（Social Networks）：包括脸书、推特、领英、Orkut、Google+，以及用户生成内容（User Generated Content，UGC）平台（如博客平台、微博平台、视频分享网站、图片分享网站）。

（7）搜索引擎及内容聚合商（Search Engines and Content Aggregators）：如 Slashdot 网站或 Ushahidi 免费开放资源平台。

（8）网站或博客评论区（Comments Sections on Blogs or Websites）[2]。

（三）平台是复合的，行为是多样的，不可一概而论

讨论平台的法律责任，首先要对平台进行类型化区分，不可一概而论。但是，在当下的大型网络平台都进行跨界经营、混业经营的情况下，如何界定平台的性质成为一件纠结的事。法律规定的是主体的行为，因此，从平台从事的法律行为入手来界定平台的法律性质。

第二节 研究起源

为什么网络平台责任会成为一个问题，引发法学界、经济学界、管理学界等越来越多学者的关注？为什么网络平台责任值得当前时代的互联网公司、政府相关管理部门共同思考？主要有以下几点原因。

一、互联网运营主体由政府过渡到企业

在20世纪90年代以前，互联网主要由政府或相关机构运营。从1993年开始，由美国政府资助的美国国家科学基金网（NSFNET，曾经是美国互联网的主要组成部分）逐渐被若干个商用的因特网主干网替代，而政府机构不再负责因特网的运营。因此大量的网络服务提供者涌现。

中国同样如此。1994年4月20日，中国全功能接入因特网。1994年6月8日国务院办公厅发布了《关于"三金工程"有关问题的通知》（国办发明电〔1994〕18号）。1994年8月，中国教育和科研计算机网（CERNET）正式立项；1994年9月，与美国签订中美双方关于国际互联网的协议，中国公用计算机互联网（ChinaNET）建设开始启动。这一时期，中国科学院主持承担着与国际互联网组织和各国内院校之间的联网工作。清华大学、北京大学等高等院校，特别是清华大学对建立实验性网络和参与一些国际相关会议的工作起到重要的组织协调作用。在我国政府部门中，原电子工业部和原邮电部在国际互联网的基础性设施方面承担管理责任，原邮电部的中国电信负责中国互联网和国际互联网之间的国际协定和国际互联干线开通。1996年以后，搜狐、网易、新浪作为中国第一代互联网门户网站诞生。

从此，网络服务提供者开始在网络用户与互联网之间、政府机构与互联网之间，以及用户与政府机构之间扮演了越来越重要的桥梁作用。网络

服务提供者逐步发展为网络社会中非常重要的主体类型之一，网络平台逐步发展壮大，网络平台的法律责任也引起关注。责任，意味着网络平台有义务防止它所服务的用户出现非法或有害的行为。如果不这样做，那么很可能面临着民事、刑事或行政处罚。

二、社会结构由一元制向多元化社会变迁

随着市场经济的迅速扩大，中国社会利益格局深刻变动，社会结构发生巨大改变。越来越多的非公有制互联网企业在市场中显示出巨大的活力，形成大型平台企业。伴随着人民权利意识的不断成熟，社会团体等民间力量的发展、壮大，社会自我管理、自治能力的不断提升，政府主导的一元制社会规则体系逐渐不适应，政府面临着治理能力、制度供给的不足。其他社会主体的利益需求也要得到满足，社会主体间的力量对比关系发生变化。20世纪后期，整个世界都向着多元化趋势发展，在社会治理领域中，治理方式多元化，治理主体多元化，网络平台逐渐成为社会治理结构中的重要一极。

三、原有治理手段不足且执法条件趋难

近年来，网络技术演进与现代社会规则创新之间的关联性成为社会科学领域学者关注的重要议题。网络技术的发展对人们的生产、生活、信息传播的渠道和方式都带来了巨大变化，尤其是互联网络信息服务商的壮大，促进了信息流动和生产组织方式的变化，交易成本的降低，以及分享经济的兴起。与技术和经济业态飞速向前相伴而生的是传统政府治理手段的"失灵"。中国的网络治理，目前面临着互联网意识觉醒和互联网治理能力不足之间的矛盾。从20世纪90年代中国全功能接入世界互联网以来，中国政府对互联网属性的认知经历了一系列变化：从信息通道、外宣平台、新兴媒体，到既有产业属性又有意识形态属性的网络文化、新闻舆论平台、社

会动员平台，以及网络社会是现实社会的映射和延伸。2014年中央网络安全和信息化领导小组成立，习近平总书记任组长，提出总体国家安全观，提出"没有网络安全就没有信息安全"，将网络治理提到国家战略高度。

另外，互联网治理能力不足且执法条件趋难的困境也是需要解决的问题。在互联网的虚拟性、复杂性和特殊性与政府行政资源的有限性间存在严峻冲突的背景下，政府应如何对互联网实施有效监管是亟待解决的难题。技术、方法、人力、物力等条件限制，查处难、取证难、落地难等现实问题的存在，使得高水平、高效率的监管几乎不可能实现。

网络平台型企业有先天的技术优势、信息优势。从传统新闻媒体"把关人"理论出发，政府逐渐确立了"谁办网谁负责"的原则，最终形成"以网管网"的监管思路。从《广告法》《食品安全法》，到《中华人民共和国网络安全法》等都呈现这个倾向，也都明确规定了网络平台服务提供者的法律责任。

四、互联网领域政企关系面临重塑

长期以来，我国一直强调"互联网监管"的理念与思路。互联网监管更多强调的是政府单方面的管理。目前，我国互联网行业监管体系沿用了传统行业监管体系，主要强调市场准入监管，以准入为抓手，通过牌照等方式管理。但随着互联网行业不断向经济社会其他领域渗透，新业态不断出现，互联网行业呈现出平台化、融合化、自媒体化等特征，既难以预见和穷举，也难以清晰界定和分类。互联网业务多重属性日益突出，"齐抓共管"中的部门间职责交叉大量存在。与此同时，"互联网+"进入传统行业后对传统行业和既得利益造成冲击，因此，需要积极探索与互联网行业特点相适应的管理模式，推进服务型政府建设，充分释放市场的创业创新活力。

党的十八大以来，在历次机构改革、简政放权的基础上，党中央、国务院做出了加快转变政府职能、深化行政体制改革的重大决策。党的十八届四中全会《中共中央关于全面推进依法治国若干重大问题的决定》提出，要坚持系统治理、依法治理、综合治理、源头治理，提高社会治理法治化水平，支持各类社会主体自我约束、自我管理，发挥市民公约、实现民约、行业规章、团体章程等社会规范在社会治理中的积极作用。这种"包容性治理"的理念，对于适应新局面非常必要。2016年5月9日，国务院召开全国推进简政放权放管结合优化服务改革电视电话会议，提出必须在更大范围、更深层次推进"放管服"改革。从简政放权到放管结合，再到"放管服"三管齐下，既是政府改革走向成熟和体系化的过程，也是推动互联网治理由重审批向审批、服务并重转变的重要契机。在这样的背景下，重塑政企关系成为必然。而在这个过程中，各方主体的法律权利、义务边界亟待厘清。

第二章

网络平台的类型化研究

第一节 网络平台的生态结构

互联网作为社会运行的一种基础性环境,有特定的活动主体及其所形成的生态结构。这里的活动主体主要包括用户、平台和政府,它们有各自不同的身份、功能和角色定位。

一、互联网的活动主体

(一)用户是互联网生态体系中的基本单元

2000 年,《互联网信息服务管理办法》(国务院令第 292 号)中规定:"本办法所称互联网信息服务,是指通过互联网向上网用户提供信息的服务活动。"现行法律性文件中虽然没有对用户的概念进行专门说明,但从相关条文中可以看出,互联网上的用户是指网络服务的使用者,是网络服务提供者的服务对象。国家网信办 2015 年 2 月发布的《互联网用户账号名称管理规定》中规定:"本规定所称互联网用户账号名称,是指机构或个人在博客、微博客、即时通信工具、论坛、贴吧、跟帖评论等互联网信息服务中注册或使用的账号名称。"由此也可以看出,互联网用户是指通过注册账号而获取互联网信息服务的主体，包括机构和个人。

在互联网生态体系中，用户是基本单元，其功能在于利用互联网提供的便利条件，通过网上交往活动参与社会生产和生活。这种大量而频繁的网上交往活动需要规范体系的引导和管理。所以，用户的角色主要是互联网活动的参与者，在网络治理结构中是被管理的对象。网信领域法律法规的制定，最终也以管理和协调好用户的网上活动为目的，构建一种合法、合规、合理的网络活动秩序。

（二）平台是互联网生态体系的连接枢纽

关于"平台"的概念，在《网络交易管理办法》中有所体现："第三方交易平台，是指在网络商品交易活动中为交易双方或者多方提供网页空间、虚拟经营场所、交易规制、交易撮合、信息发布等服务，供交易双方或者多方独立开展交易活动的信息网络系统。"在更高效力层面的法律或行政法规中，直接使用"平台"概念的地方并不多见，通常将"网络服务提供者""网络运营者"作为对平台权利义务主体的指称。这主要是因为平台本身只是信息网络系统，但作为法律上的权利义务主体，只能是具备主体资格的平台服务提供者或平台运营者。2018年《电子商务法》第9条明确了"电子商务平台经营者"的概念，即在电子商务中为交易双方或者多方提供虚拟经营场所、交易撮合、信息发布等服务，供交易双方或者多方独立开展交易活动的法人或非法人组织。网络交易平台的特点包括：一是提供了交往场所；二是对用户交往起到了撮合作用。所以，互联网平台不同于传统商业中的柜台租赁者，互联网平台除了提供交往场所，还发挥着发掘潜在需求、连接不同用户及撮合交往的作用。这种作用是平台经济模式的逻辑起点，也是平台承担管理责任的重要依据。

（三）政府是互联网生态体系的规则制定者

我国《宪法》规定："中华人民共和国国务院，即中央人民政府，是最高国家权力机关的执行机关，是最高国家行政机关。""地方各级人民政府是地方各级国家权力机关的执行机关，是地方各级国家行政机关。"在我国，政府是国家权力机关的执行机关，是国家行政机关。所以，在互联网生态体系中，政府是公共事务的管理者，是具体规则的制定者，也是法律法规执行过程的监督者。

二、互联网主体间的关系

在由用户、平台和政府组成的互联网生态体系中，存在以下3组关系。

一是政府与用户之间管理与被管理的关系。政府是国家权力机关的执行机关，公共事务管理是政府的职责内容。在政府与用户这组关系中，政府依职权对用户的网上行为制定规则和标准，引导和管理用户，并负责规则的实施；而用户应当服从和遵守政府依职权制定的行为规则，承担因自己行为而导致的法律后果。

二是平台与用户之间基于契约关系形成的权利义务关系。作为平台运营者的企业，在身份性质上是私法中的法人，与同样作为私法主体的用户（自然人或法人）之间应该也只能是平等主体之间的关系。这种平等关系主要通过契约关系来体现：通过服务协议，双方可以约定各自的权利和义务。这种契约关系首先支撑着服务与被服务的关系，同时还支撑着平台对用户的直接管理关系，即平台在协议中将法律法规的要求具体化，以双方权利义务的形式加以落实，形成对用户的直接约束和管理，这不同于政府依靠执法权对用户的行政管理。

三是政府与平台之间监管与被监管的关系。从功能主义的视角看待网信领域管理结构的问题，不难得出"平台承担直接管理责任，政府通过监管平台承担间接管理责任"的结论。法国社会学家埃米尔·涂尔干认为，国家的功能是规划社会环境，从而使个人能够更加充分地实现自我。但是，这一功能不能由国家来直接实现，因为它过于遥远。这些功能应当由群体（如职业群体和其他工作群体）来履行，这些群体充当着个人与国家之间的中介。随着社会分工复杂程度的增加，政府直接接触到某些社会运行过程的机会也在减少。从功能意义上讲，平台不仅是信息传播的中介，还是社会管理的中介。

在网络第三方平台连接的生产关系中，真正直接为用户提供服务的是商品或服务的提供者，他们是真正的行为主体。例如，在电子商务中，真正售卖商品的是店铺经营者，而不是淘宝平台。又如，在滴滴平台中，真正为乘客提供服务的是司机，而不是滴滴；在微信平台中，为用户提供信息内容的是各公众订阅号运营者，而不是微信。但我们同时会发现，这里的行为主体不仅限于提供线上服务，很多时候也包括线下的实体商品或线下服务，如滴滴司机的驾车服务、58到家平台上保洁员提供的家政服务，以及上门美甲、上门按摩、快递送餐等大量的O2O（Online To Offline，线上到线下）服务。

第二节　网络平台的类型划分

网络平台的类型化，是讨论网络平台法律义务和法律责任的前提。但按照什么思路进行划分，业内莫衷一是。

有观点认为，平台可以按照多重标准进行划分。从平台演进的历史来看，平台可以分为媒介平台、交易平台和分享平台。从平台是否涉及商品和服务的交易来看，根据平台是否促成交易、存在商品或者服务的交易，可以将平台分为网络交易平台和非交易平台。从平台的主要功能来看，欧盟将信息社会服务提供者分为6种，即电子商务平台、网络支付门户、社交网络、搜索引擎、云计算服务、应用商店。在这一分类基础上进行拓展，有社交平台、电子商务平台、O2O平台、搜索平台、应用平台、新闻资讯平台、游戏平台、视频平台等，在每类大的平台下又可以进一步细分。按照平台的综合程度，可以分为单一平台和综合平台。

有的观点主张按照平台的基本功能分类，将现有互联网平台分为社交平台、电子商务平台、O2O平台、金融平台、视频广播平台、新闻资讯平台、搜索平台、百科平台、游戏平台、浏览器平台、操作系统平台、应用平台、文学平台、公益平台、支付平台、超级平台等类别。

笔者认为，网络平台的功能在不停演进、发展、变化。按照功能进行分类，会是一个无法穷尽的过程。另外，网络平台的业务还在不断推陈出新，今天存在的品类，明天就可能被取代；今天不存在的品类，也许明天就会被创新出来。因此，按照功能对网络平台进行类型划分无法应对市场的动态变化。

法律行为是确定法律责任的关键。"法律行为"一词源于《德国民法典》，按照萨维尼的经典定义，法律行为是指"行为人创设其意欲的法律关系而从事的意思表示行为"。按照我国法理学的通行概念，法律行为是人们所实施的，能够发生法律效力并产生一定法律效果的行为。法律责任是指行为人违反法定义务或约定义务，而应当承担的法律上强制性的不利后果。因此，探讨网络平台法律责任的前提是清晰界定网络平台的法律行为。也就是说，按照网络平台实施的法律行为进行分类，是探讨网络平台法律责任的恰当视角。

对网络平台的分类还需要从其上位概念"网络服务运营者"的角度考量，应当按照网络运营者实施的法律行为，以及对具体的网络经营活动的利益相关性原则进行划分。

一、二分法

回溯网络服务运营者的分类，在互联网发展早期，由于网络业务相对简单，网络运营者的身份也比较单纯，采取简单的二分法，即 ISP、ICP 两类。

ISP（Internet Service Provider）即互联网服务提供商，其不参与具体内容的创造过程，仅提供宽带光纤等物理接入和空间出租、服务器托管等配套增值服务。工业和信息化部在 2015 版《电信业务分类目录》[1]的 B14 项列明，"互联网接入服务业务是指利用接入服务器和相应的软硬件资源建立业务节点，并利用公用通信基础设施将业务节点与互联网骨干网相连接，

---

[1] 工业和信息化部 2015 年 12 月 28 日发布 2015 版《电信业务分类目录》。

为各类用户提供接入互联网的服务。用户可以利用公用通信网或其他接入手段连接到其业务节点，并通过该节点接入互联网。"这里的接入是物理意义上互联网络的接入，是互联网业务得以开展、触达用户、社会推广的基础步骤。

但随着互联网服务业务的不断拓展，ISP 的范围较最初的"互联网接入服务提供者"已经有了更为丰富的内涵——从宽带光纤等物理接入和空间出租、服务器托管等配套增值服务，拓展到各类互联网服务的服务商。2015版《电信业务分类目录》的 B25 项"信息服务业务"列明，"信息服务业务是指通过信息采集、开发、处理和信息平台的建设，通过公用通信网或互联网向用户提供信息服务的业务。信息服务的类型按照信息组织、传递等技术服务方式，主要包括信息发布平台和递送服务、信息搜索查询服务、信息社区平台服务、信息即时交互服务、信息保护和处理服务等。"例如，搜索引擎的 ISP 是百度、谷歌等，采取信息收集与检索、数据组织与存储、分类索引、整理排序等方式，为用户提供网页信息、文本、图片、音视频等信息检索查询服务；即时通信服务的 ISP 有腾讯的微信、网易的易信、中国移动的飞信等，为用户提供即时发送和接收消息（包括文本、图片、音视频）、文件等信息的服务；电子商务服务的 ISP 有淘宝、京东、亚马逊等；电子邮箱的 ISP 有网易、雅虎、Gmail 等，为用户提供一对一或一对多的电子邮件编辑、发送、传输、存储、转发、接收的电子信箱业务；资讯门户的 ISP 包括新浪、搜狐、网易、雅虎等新闻门户及行业类门户网站等，为用户提供发布文本、图片、音视频、应用软件等信息的服务，并且服务类型还会不断拓展和演变。

ICP（Internet Content Provider）即互联网内容提供商，是互联网内容的直接提供者，直接参与内容创作。根据《互联网信息服务管理办法》（国务院令第 292 号）第 2 条第 2 款规定，"本办法所称互联网信息服务，是指通过互联网向上网用户提供信息的服务活动。"根据《互联网信息服务管理办法》第 5 条规定，"从事新闻、出版、教育、医疗保健、药品和医疗器械等互联网信息服务"的，要事前经过主管部门审核同意。按照当前互联网内容产业的划分方法，互联网内容提供者又可以分为两类。一类是个人生产内容，即 UGC（User Generated Content），是指普通草根用户自行生产、上传的内容。其优点是用户及时产生、自由上传；但缺点是内容良莠不齐，尤其在是否侵犯他人知识产权、信息内容是否属于违法或不良信息等方面缺少法律确权。另一类是由专业机构生产内容，即 PGC（Professional Generated Content），是指专业机构生产的内容，其中以视频、音频类内容最为常见，或者是专家生产的内容。与 UGC 相比，PGC 的信息在内容设置、产品编辑及法律确权方面具有天然优势。

二、网络平台类型化模型构建——三分法

随着互联网业务类型日趋复杂、多样，纯粹的 ISP 和 ICP 的界限愈加模糊，互联网平台更多地融合了 ISP 和 ICP 两者的元素，再简单以两者的分类来讨论义务和责任问题已经捉襟见肘，平台的概念和内涵也因此有必要展开更深层次的讨论。

笔者认为，可以回到网络平台的上位概念"网络运营者"的角度来看，建议以利益相关性为原则，根据网络运营者对具体经营活动的参与程度，将其分为 3 类，如图 2-1 所示。

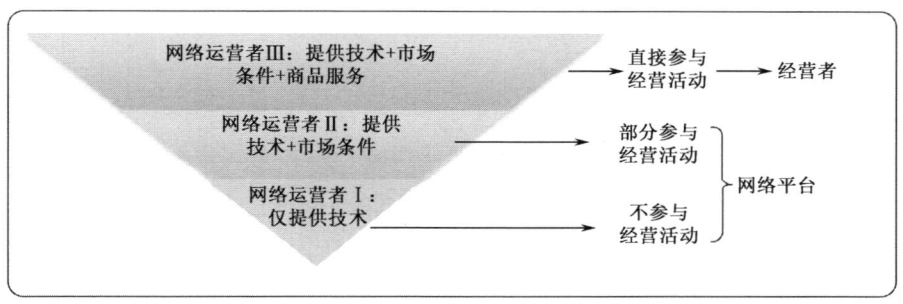

图 2-1　网络平台类型化模型

从图 2-1 可以看出，第一类仅提供技术、不参与经营活动的网络运营者和第二类提供技术和市场条件、部分参与经营活动的网络运营者，符合我们所分析的网络平台范畴；第三类网络运营者，既提供技术、市场条件和

商品服务，又直接参与经营活动，已经不再具有网络平台属性，法律性质直接属于经营者，应当承担经营者的主体责任。具体分析如下。

（一）没有相关利益，网络运营者仅提供技术支持，不参与具体经营活动

仅作为网络基础设施，为生产关系中的各方提供技术条件与措施，不参与网络内容制作，也不参与利润分成。这类网络运营者以用户上传内容的 UGC 类聚合平台为主，如博客、论坛、微博、公众号、朋友圈、网盘、云盘等。

在这种情况下，网络运营者的行为呈现以下特点。

（1）处于相对中立的技术提供方，仅提供互联网传输技术条件、存储空间等。

（2）内容由网络平台的使用者（用户）提供。

（3）用户提供上传的内容涵盖文字、图片、音频、视频等各类形式。例如，上传文字、图片的，如论坛、博客类网站；上传音乐、音频节目的，如 5sing（中国原创音乐基地）、喜马拉雅 FM、蜻蜓 FM 等；上传视频的，如网盘、云盘等。

（4）网络运营者不参与内容制作、内容加工，也不参与因用户上传内容而产生的网络广告收入分成。例如，《广告法》第 45 条规定，"公共场所的管理者或者电信业务经营者、互联网信息服务提供者对其明知或者应知的利用其场所或者信息传输、发布平台发送、发布违法广告的，应当予以制止。"

（5）第一类网络运营者的法律责任相对于第二类直接参与具体经营活动的网络运营者较轻，通常是第二位的代位责任。

（二）有部分利益，网络运营者提供技术支持和市场条件，部分参与到具体经营活动

与第一类网络运营者相比，第二类网络运营者除提供技术支持外，还加入了市场条件的支持，如提供了交易规则、市场推广等服务，并部分介入经营活动，对其他主体的直接经营行为提供帮助和支持。

例如，电子商务平台，2004 年国家工商总局发布的《网络交易管理办

法》第 22 条规定:"前款所称第三方交易平台,是指在网络商品交易活动中为交易双方或者多方提供网页空间、虚拟经营场所、交易规则、交易撮合、信息发布等服务,供交易双方或者多方独立开展交易活动的信息网络系统。"这里的第三方交易平台,不包括电商的自营业务,平台不是交易双方,不直接参与交易活动,只为交易提供网页空间、虚拟经营场所、交易规则、交易撮合、信息发布等服务支持,部分参与到交易双方的经营活动中。

在这种情况下,网络运营者的行为呈现以下特点。

(1)网络运营者不直接参与到经营行为中。例如,电子商务第三方平台淘宝,不是买卖双方。

(2)网络运营者也不完全置身事外,而是为交易双方当事人提供了一些帮助。例如,在网络交易中提供了网页空间、虚拟经营场所、交易规则、交易撮合、信息发布等功能,帮助交易的达成。又如,在自媒体时代,各互联网公司纷纷推出自媒体发展的扶持计划,超越中立、不参与的网络技术平台地位,以各种方式为自媒体内容生产者提供流量支持、内容分发和变现渠道。2015 年 11 月,今日头条率先在业内推出"千人万元计划",承诺未来一年内,头条号平台将确保至少 1000 个头条号创作者单月至少获得 1 万元的保底收入。同时,头条号发布了包括资金扶植、自媒体孵化器、产品支持等一系列针对优质内容的扶持举措,自媒体创作者可以获得广告收入分成[3]。2016 年 3 月,腾讯以 2 亿元起步推出"芒种计划",这是腾讯企鹅媒体平台为自媒体打造的自媒体发展扶植计划。该计划提出,入驻媒体、自媒体在文章页面上获得的所有广告收入,将 100%归其所有;对于那些坚守原创、深耕优质内容的媒体和自媒体,腾讯还将给予全年共计 2 亿元预算补贴给原创作者,鼓励更高质量的原创文章进入。目前已经打通了微信公众号、手机 QQ 新闻插件、天天快报、新闻客户端、腾讯 QQ 浏览器等多个腾讯系列产品出口,在后台上传文章、音频和视频,这些内容可以同步到微信公众号及腾讯视频上,然后被所有的产品谱系所用,达到最大的传播[4]。2017 年 3 月,腾讯以 12 亿元推行"芒种计划 2.0",帮助媒体和自媒体更好地进行内容生产。企鹅媒体平台还将提供热点分析、企鹅指数等运营工具帮助自媒体更好地进行内容发展决策[5]。2016 年 11 月,百度举行"百家号 2016 内容生态大会",表示 2017 年将累计向内容生产者分成 100 亿元[6]。阿里巴巴则于 2016 年推出"W+"量子计划,宣布投入 10 亿元内容扶持基金,而于 2017 年 4 月又将品牌升级为"大鱼号",追加到 20 亿元支持,并将内容接入优酷、土豆、UC、UC 头条、淘宝、神马搜索、豌豆荚、天猫、支付宝等优质平台[7]。

(三)有直接利益,网络运营者提供技术支持、市场条件,并且直接提供商品或服务,直接参与具体经营活动,此时其已经不再是网络平台,而是最有利益相关性的网络经营者

在这种情况下,网络运营者不仅是生产关系中的中介角色,而且开始自己直接参与网络经营活动,如直接生产并上传内容、参与制作发布广告、直接售卖商品或服务等。例如,视频网站的自制网络剧、自制网络大电影、自制网络综艺节目;新浪在新浪门户网站上承接品牌广告发布业务;京东购物网站的自营业务等。

在这种情形下,网络运营者的行为呈现以下特点。

(1)不再是中立第三方的中介角色,直接参与网络经营活动,如直接生产内容、直接发布广告等,利益相关性最大。

(2)除了需要申请网络信息服务许可证,还需要直接参与网络经营活动的许可资质。例如,视频网站自己制作电视剧、电影、动画片、电视综艺,还需要取得《广播电视节目制作经营许可证》;如果拍摄电视剧、电影,则要向原国家新闻出版广电总局申请单片资质、《电视剧制作许可证(乙种)》、编剧授权书等;如果从事电影发行,还需要取得《电影发行经营许可证》。

(3)直接从事网络经营行为,也直接承担因此带来的法律后果,承担的不再是平台责任,而是直接主体责任。

三、网络平台类型划分的难点

上述对网络运营者类型化的难点在于互联网业务的"混业经营"现状,

网络运营者既可能是服务的提供者，又可能是服务的接受者，只能结合具体应用场景，以具体行为作为划分标准，而不是简单地对一个网络平台进行单一界定。这里使用"混业经营"一词，借鉴了金融业发展中的用语，是因为在实践中，每个网络平台的业务类型、产品线都比较复杂。例如，阿里巴巴从电商、金融到整个大文娱产业；百度从搜索、广告、自媒体到人工智能；腾讯的产业链更广泛，"混业经营"较为普遍。因此，如何正确、科学地区分网络平台的种类，不应当对某一平台进行分类，而应当严格按照网络平台的具体行为进行划分。也就是说，同一个网络平台上的不同业务，有可能分属于上述 3 类不同行为，既有仅提供技术、不直接参与经营的，也有直接参与经营或部分参与经营的，所以会导致不同的法律责任。在具体个案的判别中，笔者认为，应当回归到网络平台从事的法律行为这一核心基础，在每个具体的法律权利义务关系中具体判断，网络平台从事了哪种法律行为，就承担相对应的法律责任。

　　例如，共享经济的网约车平台既有第二类的部分参与经营活动的行为，又有第三类的直接参与经营活动的行为。以滴滴为例，滴滴专车、快车业务属于网约车功能，根据交通运输部、工业和信息化部、公安部、商务部、工商总局、质检总局、国家网信办共同发布的，自 2016 年 11 月 1 日起施行的《网络预约出租汽车经营服务管理暂行办法》第 16 条规定，网约车平台公司承担承运人责任。也就是认为滴滴网约车平台在专车、快车部分应视为直接参与具体承运活动，属于第三类网络平台行为。也就是说，滴滴在从事第三类网络平台行为，即开展专车、快车等业务时，其被视为承运人，要直接负担起保证运营安全、保障乘客合法权益的法律责任。在具体实践中，滴滴对专车、快车司机采取每单费用抽成，也应当承担起承运人的法律责任。

　　而滴滴的出租车业务属于巡游车功能，滴滴网约车平台部分参与到出租车运营活动中，帮助出租车司机和乘客建立信息沟通和订单匹配渠道，属于第二类网络平台行为。在这种情况下，滴滴为出租车司机提供更多的订单管理、网络支付、投诉评价等业务，帮助出租车和乘客之间形成服务合同关系，由出租车向乘客提供服务，乘客直接向出租车支付费用。滴滴没有在乘客费用中抽成，只是部分参与到经营活动中。一旦发生道路交通安全事故，仍然由出租车公司和出租车司机向乘客承担赔偿责任。只要出租车对外以公司名义运营，公司对出租车就具有管理责任，再加上公司也确实获取了一定的收益，出租车公司理应作为直接的赔偿责任主体。出租车公司再根据保险合同和公司规定与保险公司和驾驶员划分责任。

滴滴的顺风车业务属于合乘功能，滴滴网约车平台部分参与到合乘行为中。合乘符合分享经济的发展趋势，方便人们出行，也有利于解决交通拥堵和空气污染问题。2016年7月，交通运输部在出台专车新政的同时，国务院办公厅印发了《关于深化改革推进出租汽车行业健康发展的指导意见》（以下简称《意见》），明确鼓励顺风车发展。《意见》对顺风车和巡游车、网约专车进行了区别，指出顺风车与两者有本质区别。顺风车是由合乘服务提供者事先发布出行信息，出行线路相同的人选择乘坐合乘服务提供者的小客车，分摊部分出行成本或免费互助的共享出行方式。政府应当制定相应规定，明确合乘服务提供者、合乘者及合乘信息服务平台三方的权利和义务。2016年12月21日，北京市交通委员会、北京市公安局、北京市工商行政管理局、北京市通信管理局、北京市互联网信息办公室联合发布了《北京市私人小客车合乘出行指导意见》，规范了北京市私人小客车合乘行为。在这种情况下，滴滴属于合乘信息服务平台，属于第二类网络平台行为，部分参与到驾驶员与合乘者的服务中。其中第2条规定："合乘出行作为驾驶员、合乘者及合乘信息服务平台各方自愿的、不以盈利为目的的民事行为，相关责任义务按照有关法律法规的规定由合乘各方自行承担。"合乘双方可以合理分摊合乘通行费用，但禁止任何企业和个人以合乘名义开展非法营运。滴滴作为合乘信息服务平台应当履行的义务包括：①对驾驶员、合乘者实名注册；②所提供下载的合乘软件的合乘功能应当与巡游车、网约车软件功能分别设置、数据分开；③按规定计算合乘分摊费用；④每车每日派单不超过两次；⑤驾驶员和车辆若发生违法行为或不符合相关条件，合乘信息服务平台应当及时注销其注册信息、停止提供合乘信息服务；⑥妥善保护合乘双方信息，不得侵害用户合法权益和社会公共利益；⑦接受管理部门依法监督。

因此，可以发现，在滴滴平台上，在专车、快车和顺风车、出租车不同功能场景下，网络平台参与商业经营活动的程度不同、法律行为性质不同，应当承担的法律责任也不尽相同。我们不能简单地把滴滴归结为某一类平台，而应当具体化到某一场景下，对其法律行为做具体分析，符合网约车、巡游车、合乘哪种情况，就承担哪类法律责任。

2017年10月《电子商务法（草案）》二审稿第10条，对电子商务经营者的界定，相对一审稿[1]，已经有了按照"利益相关性"原则进行分类的雏形。第1款规定，"本法所称电子商务经营者，是指通过互联网等信息网络销售商品或者提供服务的自然人、法人和非法人组织，包括自建网站经营的电子商务经营者、电子商务平台经营者、平台内电子商务经营者。"这里包括的3类主体，第一类电子商务经营者是指通过自己的网站从事商品销售或者提供服务的经营者，如华为通过华为官网销售华为的手机或计算机；第二类电子商务平台经营者，是指不直接参与商品销售、提供服务的活动，而提供了一个双边市场，连接了买卖双方的第三方平台；第三类平台内电子商务经营者，是指通过电子商务第三方平台进行商品销售或提供服务的经营者，这里强调了平台内经营者与电子商务平台经营者的依附关系，平台内经营者依托平台完成电子商务交易。第2款沿用了一审稿电子商务平台经营者的定义。新增了第3款，"平台内电子商务经营者（以下简称平台内经营者），是指通过电子商务平台销售商品或者提供服务的电子商务经营者。"二审稿第32条又对电子商务平台开展自营业务的情况进行了规定，要求"开展自营业务的，应当以显著方式区分标记自营业务和平台内经营者开展的业务，不得诱导消费者"。

基于《电子商务法》，在实际应用中要注意厘清以下问题。一是在自建网站经营、利用电子商务平台开展经营及电商平台自营时，几种经营者有

---

[1]《电子商务法》一审稿第9条第1款规定，"本法所称电子商务经营者，是指通过互联网等信息网络销售商品或者提供服务的自然人、法人和非法人组织。"第2款只提到了电子商务平台经营者，"它是指在电子商务活动中为交易双方或者多方提供网页空间、虚拟经营场所、交易撮合、信息发布等服务，供交易双方或者多方按其交易规则独立开展交易活动的电子商务经营者。"

什么本质区别？在法律义务、法律责任上有什么不同？二是突出"平台内经营者"，是否强调了经营者与平台的依附关系和逻辑关系？从正向逻辑推出，电子商务平台内的经营者是电子商务经营者，那么能否反推认为电子商务经营者利用的平台都是电子商务平台呢？例如，如果某主播利用直播平台推广展示商品，并通过"粉丝"打赏的方式完成支付，直播平台能被认定为电子商务平台吗？显然，这种反向推理是不成立的。

我们认为，通过自建网站、网页、移动应用软件开展经营活动的经营者，与通过电子商务平台开展经营活动的经营者，以及电子商务平台自行开展经营业务的经营者，乃至与线下从事销售活动的经营者之间，并没有本质区别，都是直接开展经营活动，并且具有直接利益关系，只是利用了不同的渠道和手段。例如，在没有电子商务的时代，可以在街头以游商方式直接卖货，也可以通过租赁柜台销售，还可以自己开店铺直接经营。又如，在电子商务时代，可以在自有渠道销售，如自建网站、网页、移动App，或者自建微信公众号、微博账号，甚至自建直播间等；也可以通过电子商务平台销售，如淘宝、天猫旗舰店、京东旗舰店等。

按照此前所分析的"利益相关性原则"进行衡量，会发现"电子商务经营者"（前面三分法中所指的"网络运营者"，在《电子商务法》中表述为"电子商务运营者"）作为广义的上位概念，可以再细分为两类：一类是电子商务平台，为交易双方提供技术支持和一定的市场条件，部分参与经营活动，如广告推广、商业展示等，并在电子商务交易中有一定收益；另一类是直接销售商品或提供服务的经营者，但可以通过多种渠道进行，如通过自建网站、网页、移动App或通过电子商务平台销售。如果电子商务平台自己也直接从事经营活动，即当平台自营业务时，就会发生电子商务平台和电子商务直接经营者两个主体身份竞合的问题，此时平台就承担直接经营者的义务。以"电子商务经营主体"为上位概念，包含两类主体：一类是直接销售商品或提供服务的电子商务经营者；另一类是电子商务平台经营者。其中，电子商务经营者可以利用自有渠道，也可以利用平台的渠道。

第三节　网络平台责任的理论依据

平台作为互联网信息传播的枢纽，有匹配供需、促成交易的作用，在网信领域应当承担相应的责任。平台责任既包括平台对用户行为的管理责任，又包括平台在侵权情形中对受损害方承担的侵权责任（通常与侵权人一起承担连带责任）。长时间以来，平台在责任分配中的定位一直存在争议。一方面，由于平台功能及其扮演角色的特殊性，平台责任在法律法规中所承担的责任性质不断趋于主体责任；另一方面，平台经营者主张自己只是服务提供者，要求按照"技术中立"的标准确定平台的责任定位。基于此，有必要对平台责任的正当性依据做出分析。

一、"守门人"理论与平台责任

"守门人"理论是传播学的基础理论之一，是由卢因在 1947 年提出来的。"守门人"理论认为，信息总沿着包含"门区"的某些渠道流动，在那里，或根据公正无私的规定，或根据"守门人"的个人意见，对信息或商品是否被允许进入渠道或继续在渠道流动做出决定。从平台的功能看，平台是信息传播的枢纽，对信息流动有事实上的管理能力，掌握了各关键节点上的"门区"，能够扮演"守门人"的角色。

著名的网络法专家莱斯格教授将"代码"视作网络空间中的法律。"如果能够拥有网络空间的代码，就能够控制网络空间；如果无法拥有网络空间的代码，就很难控制网络空间。"互联网建立在 TCP/IP 协议组之上，信息传递的过程就是数据在这些协议地址之间来来往往。网络本身就像一个工作重复单调的邮递员，只负责传输数据，而将数据的解释工作留给计算机终端的应用程序。平台是应用程序的拥有者和管理者。

所以，平台在事实上具备扮演"守门人"的能力，应当承担相应的管理责任。但是，在平台责任正当性的论证方面，当前只能支撑起"平台参与责任承担"，而"平台责任主体化"还需要规范意义上的理论支撑。

二、负外部性与平台责任

如果说平台的"守门人"角色只为平台责任提供了功能意义上的正当性，那么作为企业的平台应负担的经济外部性则能够从规范意义上进一步补证。外部性最早由英国经济学家马歇尔提出，它是指一个人或一家企业的活动对其他人或其他企业的外部影响。外部性分为正外部性和负外部性。其中，负外部性是指某个经济主体的活动使他人或社会受损，而造成外部不经济的人却没有为此承担成本。

在平台责任正当性基础的论证过程中，面临着互联网信息平台的技术性能否成为平台免责依据的问题。诚然，相较于线下传统中介机构，互联网平台具有明显的技术特性，信息传播过程也更具自动性，似乎平台并没有直接参与各种侵权事件，"自动运行无控制"常常出现在"技术中立"论的抗辩词里。但是，外部性理论最初所关心的环境污染问题，同样也不以生产企业能否控制污染后果作为承担责任的依据。可以说，外部性理论是为了弥补市场机制在资源配置中的缺陷而产生的；同样，也可以用来弥补互联网时代"技术理性"的局限。外部性理论的精髓在于：当市场机制或技术体系无法实现资源的最优配置或社会福利的最大化时，应当由政府加以干预，要求受益的企业承担一定的责任来维护社会运行的公平性。外部性为平台责任正当性论证提供了重要的规范进路。

第三章
网络平台的民事、刑事法律责任

本章以网络平台的民事、刑事、行政法律责任为切入点，深入分析网络平台的法律责任，探讨网络平台在不同情况下应承担怎样的民事法律责任及刑事法律责任，希望厘清其中的规则边界。

第一节 网络平台民事责任的国际趋势

让作为互联网中介（Internet Intermediary）的网络平台在对其用户的网络违法信息内容或活动进行处置的执法程序中扮演哪种角色，是一个世界性的问题。

在著作权、人格权等民事侵权领域中，已经形成了较为完善的"避风港原则"，这种基于"通知-删除"或"通知-反通知"的制度安排既有助于民事纠纷的解决，也避免了平台负担不合理义务或严格责任，因此被多数国家普遍采用。

这里所谓的平台责任或互联网中介责任，是指网络平台对第三方（一般是其用户）发布的内容或从事的活动应承担的责任，不论是民事责任、刑事责任，还是行政责任。平台，一般是指任何能够帮助一方与另一方进行信息交流的实体。因此，平台本身并不提供产品、服务或内容，仅帮助第三方的交易、信息交流、内容发布等。平台对来源于第三方的内容、产品或服务提供网络接入、托管、传输、索引等，或者向第三方提供基于互联网的服务。国外的法律（如美国的《数字千年版权法》）或一些国际政策（如联合国教科文组织的报告《培育网络自由：互联网中介的角色》）尝试对平台进行类型化，典型的有 ISP、搜索引擎、社交网络、云服务、电子商务平台、网站托管、内容聚合、域名注册、Wi-Fi 热点等。

一、网络平台民事责任的国际做法

（一）美国

一直以来，美国宪法确立了平台对内容管理的有限责任，或者说，美国宪法是美国网络平台有限责任的逻辑起点。1995 年，美国纽约州最高法院在 Stratton Oakmont 公司诉 Prodigy 服务公司案[8]的判决中，将一家经营电子公告板的企业作为"出版商"（Publisher）来对待，对其施以类似出版机构的法律责任。在该案中，原告是一家美国的投资银行，其指控在被告经营的网络公告板上有一篇文章对其构成了诽谤，该篇文章是一名身份不明的网络用户所发表的，但原告要求被告对其承担赔偿责任。法院认定被告应像出版商一样对发表在网站上的侵权言论承担法律责任，其理由是被告能够对发表在公告板上的内容行使编辑控制权。该案的判决意见在美国互联网行业产生了很大的震动。

1996 年发布的美国《通信规范法》（Communications Decency Act，CDA）规定，向 18 岁以下人员播放色情或猥亵材料是犯罪行为，除非相关网站已经采取了恰当的措施限制只有成年人能够观看，如通过具有年龄验证功能的信用卡。但为了让《通信规范法》更完整，该法规定交互式计算机服务（Interactive Computer Service）的提供者（网络平台）应当不被视为另一个信息内容提供者所提供信息的发布者或出版者（第 230 条），因此其对大多数第三方内容不承担任何责任（然而，知识产权侵权责任是一个典型的例外）。在法律上，平台没有监督、主动发现其用户的违法内容或活动的义务。该条款实际上是一项免责条款，免除了网络服务提供者对于第三方发布的违法内容的法律责任。《通信规范法》颁布仅一年之后，因受到巨大争议，美国最高法院判决其违宪，只有第 230 条得以留存。某种意义上讲，《通信规范法》对硅谷互联网公司的崛起发挥了关键作用，隐藏在这部法案中的关键条款第 230 条保护了许多企业。大部分企业在该法通过时甚至从未意识到——使其免受潜在的毁灭性法律挑战，即通过为世界各地的用户提供平台，互联网企业面临用户可能会利用平台进行违法行为的风险。他们的非法行为可能使平台提供者面临协助侵权或教唆侵权的责任。例如，在《通信规范法》颁布前的 1995 年 Stratton Oakmont, Inc.和 Prodigy Services Co. 案中，一家投资公司状告 BBS 运营方 Prodigy 构成诽谤，纽约初审法院认为作为出版者，BBS 运营方 Prodigy 需要承担责任，因为它宣称对该网站有编辑控制权，并认为市场会补偿网站对用户发布的内容的较强控制。一方面，法院的裁决有一定的经济合理性，但过高的审查成本可能使得网站服务太过昂贵，以致不能吸引到足够的消费者。虽然对色情与淫秽内容进行审查成本相对较低，但考虑到在特定网站上发布的上千条消息，要对每条信息进行审查是非常困难的。另一方面，法院选择这样的立场，对互联网平台而言，是一个极其危险的信号。让网站监控淫秽色情内容可能相对容易，但对网站成千上万的帖子的事实主张进行评估，是极其困难的。巨大的监控成本不可能提供一个能够吸引众多卖家的廉价服务。

于是，互联网行业向美国国会寻求救济，通过《通信规范法》中的第 230 条，Stratton Oakmont 案的裁决被推翻。美国国会宣布不得将在线服务提供者视为他们未参与的内容生产的出版者。更重要的是，美国法院不仅排除了网站作为出版者的责任，同时也剔除了其作为传播者的责任。美国法院推翻了美国国会要求互联网企业大范围审查言论的尝试。两者共同作用的结果是构建了一个有助于通过网络中间平台促进言论自由的法律框架。应该说，该条款在很大程度上豁免了在线服务提供者对那些利用他们的服务进行侵权行为的次要责任，成为 Web 2.0 时代互联网企业的生命线。

在具体实践中，《通信规范法》第 230 条适用的代表性案例如下。

第一，网络论坛对用户发布的信息的责任免责，如 Zeran 诉美国在线（AOL）案[9]。

第二，社交平台对于用户交往行为的免责，如 Doe 诉 MySpace 案[10]。

但《通信规范法案》第 230 条并不是万能的，而是有适用条件限制的，其中最重要的一项是被告不是信息内容的提供者。如果被告是被诉的非法信息内容的制作者，那么其没有资格基于《通信规范法案》第 230 条获得免责。这与此前所提出的网络平台类型化模型"利益相关性原则"是一致的。若参与到内容的制作过程中，就要承担相应的内容提供者的责任，而不再是中间平台的角色。

1998 年，美国《数字千年版权法》（DMCA）第 512 条确立了"避风港原则"（Safe Harbor），为 4 种类型的网络服务提供商设计了限制间接侵权责任的特殊情况，符合条件的 4 种类型的网络服务提供商可以免除对著作权人的侵权责任。4 种类型分别为暂时数字网络传输（Transitory Digital Network Communication）、系统缓存（System Caching）、根据用户指示在系统或网络中存储信息（Information Residing on System or Networks at Direction of Users）和信息搜索工具（Information Location Tools）。其中，后两种类型针对提供网络存储功能和信息搜索功能的网络服务商的免责条款又被称为"通知-删除"条款（Notice-and-Take Down）。第 512 条（c）款说明了适用条件：第一，网络服务商并不知道侵权行为，即其实际上不知道侵权，没有意识到侵权行为发生的事实或情况，或者在得知或意识到的情况下，立即撤下侵权材料，或者封堵了侵权材料的访问入口；第二，如果网络服务商有权利和能力对侵权行为进行控制，其必须没有直接从侵权行为中获得经济利益；第三，在收到合理的侵权通知以后，网络服务商必须迅速撤下侵权内容或阻止对侵权内容的访问。第 512 条（c）款还对通知中应当包含的要素进行了详细说明：一是通知必须是真实可靠并且有授权人签字或电子签名的；二是必须基于善意的相信其所报告的侵权内容的使用是未经授权的，而非合理使用；三是通知能够明确识别被指控侵权的作品；四是能够明确识别侵权材料，并提供能够有效允许网络服务商对侵权材料进行定位的合理信息。

2015 年 1 月 1 日，加拿大《版权现代化法案》（Copyright Modernization Act）正式生效。长久以来，加拿大在知识产权保护上被冠以美国的追随者，这其中有政策的惯性，但更多的是来自贸易与一体化的需求。《版权现代化法案》同样确立了"通知-转通知"规则，版权所有者有权向网络服务提供商发出书面侵权通知，网络服务提供商按法律规定将该通知转发给用户。通知必须包括发送者和涉嫌侵权的版权作品的详细信息。另外，在网络服务提供商无法转发该通知给用户时，它必须解释无法转发的原因，若解释不清则会面临赔偿。此外，网络服务提供商还应保留该用户信息6个月（或12个月，如果法院启动诉讼程序）。

（二）欧盟

2000年6月欧盟发布了《关于共同体内部市场的信息社会服务，尤其是电子商务的若干法律方面的第 2000/31/EC 号指令》（以下简称《电子商务指令》）[1]，对于信息社会服务提供者的法律责任进行了限定，其所指"信息社会服务提供者"，包括网络平台在内的网络服务提供者。《电子商务指令》专门规定了中间服务提供者的责任。其第12～15条规定，成员国不得为服务提供者（电子商务平台）强加监控其所传输或存储的信息的一般义务。一般认为，电子商务平台不是信息发布者，如果让其对平台上的内容进行一般审查，实际上是将其与信息发布者等同起来，造成了电子商务平台角色的混乱。只有在特殊情形下，在接到侵权通知或转通知时，平台才必须采取措施。

欧盟《电子商务指令》"中间服务提供者的责任"第12～15条规定如下。

1. 第12条 纯粹传输服务

（1）若所提供的信息社会服务包括在通信网络中传输由服务接受者提供的信息，或者为通信网络提供接入服务，成员国应当确保服务提供者不对所传输的信息承担责任，条件是服务提供者：

（a）不是首先进行传输的一方；

（b）对传输的接受者不做选择；

（c）对传输的信息不做选择或更改。

---

[1] Electronic Commerce Directive, 2000/31/EC.

（2）本条第（1）款所指的传输及提供接入的行为包括对所传输信息的自动、中间性和短暂的存储，其前提是此种行为仅是为了在通信网络中传输信息，而且信息的存储时间不得超过进行传输所必需的合理时间。

（3）本条不应当影响法院或行政机关根据成员国的法律制度，要求服务提供者终止或预防侵权行为的可能性。

2. 第 13 条 缓存

（1）若所提供的信息社会服务包括在通信网络中传输由服务接受者提供的信息，只要对信息的存储是为了使根据其他服务接受者的要求而上传的信息能够被更加有效地传输给他们，成员国应当确保服务提供者不因对信息的自动、中间性和暂时的存储而承担责任，条件是：

（a）提供者没有更改信息；

（b）提供者遵守了获得信息的条件；

（c）提供者遵守了更新信息的规则，该规则以一种被产业界广泛认可和使用的方式确定；

（d）提供者不干预为获得有关信息使用的数据而对得到产业界广泛认可和使用的技术的合法使用；

（e）提供者在得知处于原始传输来源的信息已在网络上被移除，或者获得该信息的途径已被阻止，或者法院或行政机关已下令进行上述移除或阻止获得的行为的事实后，迅速地移除或阻止他人获得其存储的信息。

（2）本条不应当影响法院或行政机关根据成员国的法律制度，要求服务提供者终止或者预防侵权行为的可能性。

3. 第 14 条 宿主服务

（1）若提供的信息社会服务包括存储由服务接受者提供的信息，成员国应当确保服务提供者不因根据接受服务者的要求存储信息而承担责任，条件是：

（a）提供者对违法活动或违法信息不知情，并且就损害赔偿而言，提供者对显然存在违法活动或违法信息的事实或者情况毫不知情；

（b）提供者一旦获得或知晓相关信息，就马上移除了信息或阻止他人获得此种信息。

（2）如果服务接受者是在提供者的授权或控制之下进行活动，则本条第（1）款不适用。

（3）本条不应当影响法院或行政机关根据成员国的法律制度，要求服务提供者终止或预防侵权行为的可能性。本条也不影响成员国制定管理移除信息或阻止他人获得信息的规定的可能性。

4. 第15条 不承担监督的一般性义务

（1）在服务提供者提供本指令第12～14条规定的服务时，成员国不应当要求服务提供者承担监督其传输和存储的信息的一般性义务，也不应当要求服务提供者承担主动收集表明违法活动的事实或情况的一般性义务。

（2）成员国可以要求服务提供者承担立即向主管公共机构报告其服务接受者进行的非法行为或提供的非法信息的义务，或者应主管当局的要求，向主管当局提供可以确定与其有存储协议的服务接受者的身份的信息的义务。

欧盟委员会2016年出台的《分享经济指南》（*An European Agenda for the Collaborative Economy*），承认纯粹作为信息中介的分享经济平台可以享有"避风港原则"庇护，不对其不知道或在知道后及时采取措施的违法行为承担责任[11]。分享经济平台作为信息中介服务提供商在某些条件下对其存储的信息将不负责任：如果平台的行为仅是技术性、自动性和被动的，或者平台对其上的非法信息的产生、存在与传播不存在积极行为，并在知晓后及时删除或屏蔽该内容，则平台对此内容不负有责任。而在个案中，平台是否会因免责而获利，需要根据平台本身的技术和控制水平来具体情况具体分析。更重要的是欧盟成员国不能在平台提供托管服务之外再强加给它们一些一般性义务，如监控或积极寻找存在非法活动、信息的事实或情况等。

同时，欧盟委员会还鼓励所有的在线分享经济平台以自愿的方式承担一定的责任。例如，帮助解决假冒和误导性审查等重要问题。当然，这种自愿行为应当是出于增加信任、提供更加有竞争力的服务的目的而采取的，绝非自动将这些合作平台的行为归为不再仅是技术性、自动性和被动的。

（三）英国

英国 2002 年颁布了《电子商务条例》，从而将欧盟的《电子商务指令》转化为英国的国内法。《电子商务条例》关于包含网络平台在内的"信息社会服务提供者"的法律责任的规定主要体现在该条例的第17～19条，其基本上是欧盟《电子商务指令》第12～14条的翻版。但是，较之欧盟的《电子商务指令》，英国《电子商务条例》的适用范围更广，其不仅适用于民事责任或行政责任，还适用于刑事责任，因此，它是英国网络平台法律责任的共通性规则。

英国《电子商务条例》第 17 条、第 18 条、第 19 条、第 22 条的规定如下。

1. 第 17 条

（1）如果信息社会服务的提供构成对服务接受者所提供的信息的网络通信传输，或者属于通信网络的接入服务，那么，在下列条件下，服务提供者将不对信息传输的结果承担任何的损害赔偿或其他金钱救济的责任，或者任何的刑事责任。

（a）不是信息传输的发起者。

（b）没有挑选信息传输的接收者。

（c）没有挑选或更换该信息传输中的信息。

（2）第（1）款中的信息传输与接入行为，包括传输中的信息在下列情形下的自动化的、中介性质的、临时性的信息储存。

（a）信息传输为该网络通信的唯一目的。

（b）信息不会在超出传输所合理的必要的需求的时间外长期储存。

2. 第 18 条

如果信息社会服务的提供构成对服务接受者所提供的信息的网络通信传输，那么，在下列条件下，服务提供者将不对信息传输的结果承担任何的损害赔偿或其他金钱救济的责任，或者任何的刑事责任。

（1）该信息是自动化的、中介性质的、临时性的储存，且该储存的唯一目的在于基于其他信息接收者要求而提高信息上传的效率。

（2）服务提供者。

（a）没有更改信息。

（b）符合获取信息的条件。

（c）符合与信息更新有关的规则，尤其是被行业广泛认同与使用的规则。

（d）没有为了使用信息而在获取数据时违背该行业所认可和遵循的对技术的合法使用原则。

（e）一旦事实上获知该信息在其传输的源头已被从网上移除或已被禁止访问，或者法院或行政机关已命令将其移除或禁止访问，立即采取行动将该信息移除或禁止对其访问。

3. 第19条

如果信息社会服务的提供构成对服务接受者所提供的信息的存储，那么，在下列条件下，服务提供者将不对信息存储的结果承担任何的损害赔偿或其他金钱救济的责任，或者任何的刑事责任。

（1）服务提供者：

（a）对非法活动或信息并非实际知晓，并且当有人提出索赔请求时，并不知晓可以明显显示该活动或信息非法的事实或情况；

（b）一旦获知或知晓，迅速采取措施移除该信息或禁止对其访问。

（2）该服务的服务接受者并非是在服务提供者的授权或控制下进行活动的。

4. 第22条

为了决定服务提供者是否有第18条第（2）款第（e）项及第19条第（1）款第（a）项规定目的的实际知晓，法院应对相关特定情况下的所有方面予以考虑，应考虑以下情况。

（1）服务提供者是否依照第6条第（1）款第（c）项规定，通过有效途径收到通知。

（2）该通知的详尽程度应包括：

（a）通知发出者的全名及地址；

（b）所提到的信息的详细位置；

（c）所提到的活动或信息违法性质的详情。

2016年年初，欧洲人权法院对一个案件做出判决，认为匈牙利新闻网站 Index.hu 并非新闻用户评论的出版者，无须为用户的评论负责。1953年《欧洲人权公约》确立了言论自由是每个人都应该享有的权利。法院认为，如果网站需要对评论负责，那么就违反了用户的言论自由权。"通知-删除"规则已经较好地平衡了各方利益，因此让新闻网站对用户发布的内容承担严格责任是不必要且不合理的[12]。

（四）德国

2007年德国《电信媒体法》生效，其第7～10条规定了网络服务提供者的责任，也是对欧盟《电子商务指令》在德国国内落地的转换。《电信媒体法》第1条明确了适用范围，电信媒体包括电信和广播之外的所有电子的信息和通信服务，电信由《电信法》调整，广播由《广播国家协议》调整。而《电信媒体法》只针对"服务提供者"的责任豁免，包括内容平台提供者、接入服务提供者、网络提供者等中间服务商，但不包括自己提供内容的服务商和域名服务商。第7条第（1）款规定，"如果服务提供商为其提供自己的信息，则按照一般法律承担责任，不适用免责规则。"如何界定"自己的信息"，一是包括属于内容提供者"自有的信息"（Selbst Geschaffene Inhalte），即人们很容易判断出该信息来自提供者（如消息来源中标注了作者为提供者，或者带有提供者的LOGO）；二是包括"自编的信息"（Eigen Gemachte Inhalte），即提供者对他人的信息进行编辑加工处理后，再次提供给使用者的内容信息。电子商务平台（如 eBay）将商户的商品信息存储于服务器，固定自己的付费服务模式并将之统一提供给商户的行为，不构成作为己有[13]。相反，如果电子商务平台借助搜索引擎的关键词广告服务，将商户的商品信息进行优化和宣传，帮助其商户从事了销售行为，则其扮演的不再是中性角色，该商品信息就属于平台自己的信息，无法适用免责规则。

例如，德国科隆高等法院2002年的判例认为，"Communities"论坛植入了很多带有侮辱性的图片，这些图片多数是网友自己制作的，主要内容是将名人的头像换到其他人身上，并配有相关文字说明。虽然该论坛所有权人在网站上做了对网友所发表言论的"免责声明"（Disclaimer），但法院审理后认为，该论坛植入图片的行为已经视为是"自编"内容而非属于他人的内容，因此需要为侵犯他人人格权的行为承担责任[14]。这一思路，也与我们此前所提到的网络平台类型化模型思路一致，以网络平台的法律行为界定最终性质。

此外，《电信媒体法》第 7 条第（2）款规定，不得向服务提供者设定"一般性的审查义务"，即不得要求服务提供者监督其传输或存储的信息，不得要求其查明可能指向侵权事实的各种情况。这里为网络服务提供者对其传输或存储信息的违法或侵权与否不承担主动的审查义务划定了明确界限。

二、平台有限责任的国际共识

2015 年，EFF（电子前哨基金会）、CIS（互联网与社会研究中心）等国际组织在菲律宾马尼拉召开会议，就平台责任达成了《关于中介方责任的马尼拉原则》，来自全球的行业组织、专家共同商讨达成了 6 点共识，对于平台责任（无论是民事责任，还是刑事责任，抑或行政责任）相关政策制定和执法活动具有指导意义。

（一）中介方应该免于对第三方内容承担责任

（1）任何管理中介方责任的规定必须由法律制定，并且务必做到准确、清楚和易懂。

（2）在中介方没有参与修改内容的情况下，中介方应该免于对第三方内容承担责任。

（3）中介方不得因没有限制合法内容而被追究责任。

（4）中介方不得因托管非法的第三方内容被追究严格责任，也不得在中介方责任制度中要求中介方对内容进行前摄性监控。

（二）没有司法机关命令中介方不得被要求对内容进行限制

（1）如果一个独立且公正的司法机关没有发布命令认定所涉及的材料为非法，则不得要求中介方对内容进行限制。

（2）要求中介方对内容进行限制的命令必须：

（a）认定该内容在其管辖区域内属于非法；

（b）明确网络身份识别信息并对非法内容进行描述；

（c）提供充分的证据支撑命令的法律基础；

（d）在适用情况下，明确对内容进行限制的起止时间。

（3）如果中介方没有遵守内容限制的命令，那么中介方所需承担的一切责任都必须与该不当行为的程度相称并直接相关。

（4）如果内容限制的命令不符合此项原则，那么中介方不得被要求对没有遵守该命令负责。

（三）内容限制请求必须清晰、不含糊且遵循正当程序

与第 2 条原则一致，在没有司法机关命令的情况下，中介方不得被要求对内容进行限制。如果政府或私人作为原告要求限制信息，则应该满足下列原则。

（1）中介方不得被要求对第三方内容的合法性进行实质性评估。

（2）针对非法内容的限制请求必须至少包含下列项目。

（a）断言该内容为非法的法律依据。

（b）网络身份识别信息及对所指非法内容的描述。

（c）对适用于用户内容提供者的限制、破例情况及辩护做出的考虑。

（d）请求发起方或其代理人的联系方式，被法律禁止的情况除外。

（e）可充分支撑该请求法律依据的证据。

（f）表明所提供信息真实性的诚信声明。

（3）如果内容限制请求涉及中介方的内容限制政策，则应至少包含下列项目。

（a）所涉及的内容违反了中介方的内容限制政策的原因。

（b）网络身份识别信息及对所指违反内容限制政策情况的描述。

（c）请求发起方或其代理人的联系方式，被法律禁止的情况除外。

（d）表明所提供信息真实性的诚信声明。

（4）法律可以要求托管内容的中介方对关于非法内容的限制请求做出

回应：中介方要么将合法并符合要求的请求转发给用户内容提供者，要么告知原告不能转发请求的理由（"通知-反通知"制度）。不得要求中介方保证其有能力识别用户。

（5）在转发请求时，中介方必须对用户内容提供者的权利提供清晰、易懂的解释，在法律强制中介方对内容进行限制时都应介绍可适用的反通知或上诉机制。

（6）如果中介方按照内容限制请求对托管的内容进行限制，则必须遵守下方有关透明化和问责机制的第6条原则。

（7）不当或不诚信的内容限制请求应该受到惩处。

（四）内容限制的法律、命令和实践必须通过必要性和相称性的检验

在一个民主社会中，内容限制的法律、命令和实践必须具备必要性和相称性。

（1）所有内容限制必须局限于所涉及的某个具体内容。

（2）在对内容进行限制时必须采取限制性最低的技术手段。

（3）如果内容是因为在某个地理区域属于违法而被限制，而中介方针对提供因地域而异的服务，那么应局限于某地理范围进行内容限制。

（4）如果被限制的内容只在有限的期间内为非法内容，那么限制时间不能超过该期限，并应该定期检查限制命令是否到期，以确保其仍然有效。

（五）法律及内容限制的政策和实践必须遵循正当程序

（1）在按照命令或请求对内容进行限制之前，中介方和用户内容提供者必须被赋予有效的诉讼听审权，特殊情况除外。在特殊情况下，应尽快对该命令及其执行情况进行事后复审。

（2）任何规范中介方的法律必须赋予用户内容提供者和中介方对内容限制命令进行申诉的权利。

（3）如果某内容因违反中介方内容限制政策需要被限制，则中介方必须告知用户内容提供者该决定的复审机制。

（4）如果用户内容提供者在依照第（1）款起诉成功或按照第（2）款

在对内容限制的复审中胜诉，那么中介方应立即恢复内容。

（5）没有司法机关的命令，中介方不得公开可使个人身份暴露的信息。任何中介方责任制度不得要求中介方在没有司法机关命令的情况下公开任何可使个人身份暴露的信息。

（6）中介方在起草和执行其内容限制政策时应该尊重人权。政府也同样有义务确保中介方的内容限制政策尊重人权。

（六）必须在法律及内容限制政策和实践中建立透明化和问责机制

（1）政府必须及时以易获取的方式在网上公布所有与中介方责任有关的法律、政策、决定及其他形式的规定。

（2）政府不得使用法外手段对内容进行限制，包括强迫更改服务条款、推动或强制执行所谓"自愿"的做法、与中介方签订妨碍业务或阻断信息公开传播的协议等非常规手段。

（3）中介方应该以清晰的语言和易获取的方式在网上公布其内容限制政策，在有变动时及时更新并适时通知用户。

（4）政府必须发布透明化报告，提供政府发给中介方的所有内容限制命令和请求的具体信息。

（5）中介方应该发布透明化报告，提供其所做出的所有内容限制操作的具体信息，包括对政府请求、法律命令和私人原告请求做出的回应及内容限制政策的履行情况。

（6）如果中介方可以在用户试图获取某一被限制的内容时在其产品或服务上显示通知，那么中介方必须明确地在通知中解释什么内容被限制及为什么被限制。

（7）政府、中介方和公民社会应该共同努力创建和保持一个独立的、透明的、公正的监督机制以确保可对内容限制政策与实践进行问责。

（8）中介方责任框架和法律应要求对规定和指南进行定期和系统的检查以确保它们被及时更新、有效力且不过分烦琐。这些定期检查应包含针对其执行情况和影响的证据收集机制，还应该规定对执行规章的成本、实质的好处和对人权的影响进行独立审查。

三、网络平台民事责任的思考

互联网自诞生之日起至今，中国实现了从跟随到"弯道起车"的跨越式发展。在产业发展、商业模式上对标国际，如搜狐之于雅虎、百度之于谷歌、QQ 之于 ICQ、微博之于推特、微信之于脸书、淘宝之于 eBay、京东之于亚马逊、滴滴之于优步、蚂蚁短租之于爱彼迎、大众点评之于 Yelp、饿了么之于 Grub Hub 等。

究其原因，大致有两点：一是互联网革命源于美国，从物理规则到底层技术，均由胸怀理想的极客主导，进而由商业社会进行检验，经历优胜劣汰之后，最终形成通行于全球的标准、较为成熟的商业模式，成功率更高；二是中国大批的互联网公司在早期国内资本市场不健全的背景下，纷纷选择在美国纳斯达克上市，需要给投资人讲一个听得懂的故事。对标国际企业，有利于让对方迅速了解自己，有更好的画面感。

在法律政策层面，中国互联网的治理规则也经常以国际为参照，并建立了在信息网络传播权领域的一系列法律规范制度，这成为我国网络平台责任的制度设计源头。

但移动互联网时代，随着移动智能终端的普及，移动互联网越来越与国民经济打通。互联网之于中国网民的开拓视界、文化互通等方面的意义，远甚于西方，由此而带来的消费转型和产业颠覆也更加剧烈。这让中国互联网在近几年转变为演化出新型商业平台独特生态的引领者，这对互联网法律政策规制提出了新的挑战。

在网络平台责任方面，国外的法律规则大多集中在网络信息内容方面。从"避风港原则"到"马尼拉"原则，都在规定当平台上的内容违法时，网络平台应当承担怎样的法律责任，依照怎样的法律程序进行处理。

面对类似的问题，基于不同的文化背景、法律传统，各国互联网法律的司法、立法开始做出不一样的路径选择，这为我国互联网领域的法律职业共同体提出了更高标准的要求。对于互联网法律的立法者、司法者、研究者整个法律职业共同体来说，这既是巨大的挑战，又迎来了新的机遇。

中国的实践、立法、研究都有可能成为新的历史标杆。

例如，在网络广告屏蔽问题上，2015年9月苹果公司开放Safari浏览器广告屏蔽的权限，意味着广告屏蔽工具在移动端的进军加速，数字媒体行业对此反应剧烈，广告屏蔽再次成为舆论风暴中心。德国和美国法院的多起诉讼判例都对广告屏蔽不加禁止，承认其合法性。但从德国最新判决来看，其对广告屏蔽行为的认可之势有所松动。由于我国版权环境和互联网生态模式的不同，近年来我国已有多起司法判决对广告屏蔽行为的违法性进行明确认定。2016年7月国家工商总局公布了《互联网广告管理暂行办法》，对广告屏蔽行为明令禁止，将过往司法判例上升到立法层面，明确了我国在这一问题上做出的选择。

又如，在被遗忘权问题上，网络用户是否有权要求社交网络、搜索引擎等互联网服务提供者删除其个人信息，即所谓的被遗忘权，是一个有争议的话题。欧盟自1995年以来不断加强对个人数据的保护力度，先后在司法和立法层面确立被遗忘权。2016年4月，欧盟理事会、欧洲议会先后投票通过《一般数据保护条例》（*General Data Protection Regulation*，GDPR），"被遗忘权"赫然在列。俄罗斯通过修订相关法律引入了被遗忘权。美国等国家对这个概念持谨慎态度，一般仅通过特殊被遗忘权保护特殊群体的利益。在中国，2015年12月北京市第一中级人民法院（2015）一中民终字第09558号民事判决被称为"我国被遗忘权第一案"。法院在该案中面对网络用户的被遗忘权请求时，从我国法律的规范体系出发，对这个问题做出了明确不予支持的判决。鉴于被遗忘权在我国不能产生实质性效果，反倒因网络用户普遍滥用这项权利而会给互联网产业创新发展带来重大负担，中国在司法和立法层面并没有盲目跟随欧盟引入被遗忘权。

近年来，我国互联网法律学者的研究立场开始转向"本土关注"。我们认识到网络法律的法律制度和公共政策制定与一个民族、国家的文化传统和政策息息相关，开始学会避免在研究和司法中陷入"拿来主义"误区。在法律的普遍性、网络信息的技术产业特性和我国国情的特殊性之间，我国在寻求平衡、兼顾各方利益的法律法规。

第二节　网络平台的民事法律责任

第一章对网络运营者类型化的两种思路——"二分法"和"三分法"分别进行了说明。如前所述，在互联网发展历程中，最初的互联网就是一个信息发布的渠道和平台，双方或多方用户通过互联网进行信息交流与信息传输，是简单的二分原则。

随着互联网的深入发展，互联网行为的复杂性不断增强，"互联网+"领域的不断深入，越来越多的商户开始利用网络销售商品或提供服务，网络平台也开始从完全中立到部分参与到生产交易过程中，甚至直接参与经营活动，也就诞生了三分法。在探讨网络平台的民事责任时，基于三分法的研究思路分别对不参与经营活动、部分参与经营活动及直接参与经营活动的网络运营者应当承担的民事责任进行一一讨论。

一、不参与经营活动的网络平台民事责任

根据此前按照利益相关性原则对网络运营者的划分，第一类网络平台，仅提供技术措施，不参与经营，是指仅作为网络基础设施，为生产关系中的各方提供技术条件、技术措施，类似互联网的水和电，不参与网络内容制作及广告分成等收益活动。这类平台以用户上传内容的 UGC 类聚合平台为主（如博客、论坛、公众号、朋友圈、网盘、云盘等各类网络信息平台），也包括提供云服务底层的云计算服务平台。从技术角度看，云计算作为互联网服务提供商的底层技术提供商，无论在业务上还是技术上，都无法直接干预用户的具体数据。

在这一研究框架下，真正的互联网内容提供者、用户与只提供技术、不参与经营活动（不提供网络内容）的网络平台，形成了网络平台民事责任 1.0 模型。最典型的就是知识产权领域的"避风港原则"，这也是网络平台责任最初的规则设计理念，如图 3-1 所示。

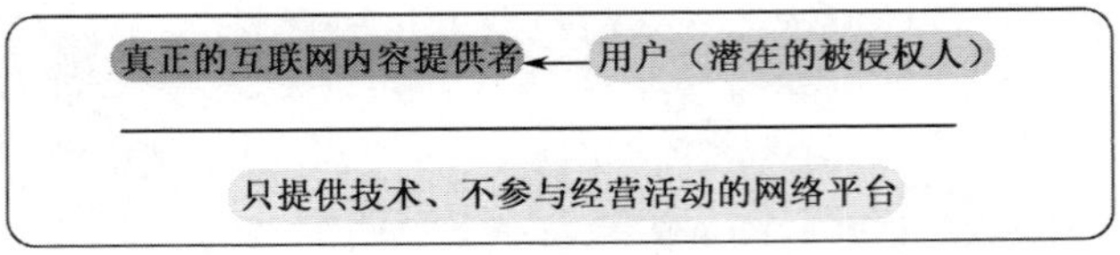

```
┌─────────────────────────────────────────────┐
│  真正的互联网内容提供者 ←── 用户（潜在的被侵权人） │
│ ─────────────────────────────────────────── │
│       只提供技术、不参与经营活动的网络平台        │
└─────────────────────────────────────────────┘
```

图 3-1　网络平台民事责任 1.0 模型

在这个模型下，图 3-1 中横线上方的两个主体，左边是真正的互联网内容提供者，右边的用户是互联网内容的阅读和接受者，当然也可能是潜在的被侵权人，是著作权的真实权属人；横线下方是只提供技术不参与经营活动的网络平台（在这里是指仅提供网络技术、存储空间，不参与网络内容制作）。这就是网络信息传播权中常见的"避风港原则"[1]。

"避风港原则"最早见于美国的《数字千年版权法》，规定在发生著作权侵权案件时，不参与经营活动、不提供内容的互联网服务提供者没有事先审查义务，只提供存储空间服务，不干预内容，对侵权信息不知情。在这种情况下，网络平台一般不承担侵权责任，法律允许存在一个"避风港"。当真正的互联网内容提供者上传内容后，被用户阅读、浏览。按照"通知-反通知"规则，如果用户（被侵权人）发现自己的著作权被侵犯时，应当以法律规定的形式通知到不提供内容的网络平台，网络平台就把相关作品或内容下架。如果互联网内容的真正上传者认为处理不当，认为自己才是著作权的拥有者，就再以法律规定的形式反通知给网络平台，网络平台再把内容恢复。至此，法定程序走完，权利用尽。如果双方再有争议，就需要到法院诉讼。如果网络平台被通知后没有做删除或断开链接处理，则被视为侵权。"避风港原则"确立后，已经被广泛应用到搜索引擎、网络存储、数字图书馆等类似的网络存储服务提供者的案例中。

第一，网络服务提供者是被动中立角色或处于中立地位，不主动对作品、表演、录音录像制品的权利是否存在侵权瑕疵做判断。

---

[1] "避风港原则"是指在发生著作权侵权案件时，当 ISP（网络服务提供商）只提供空间服务，并不制作网页内容时，如果 ISP 被告知侵权，则有删除的义务，否则就被视为侵权。如果侵权内容既不在 ISP 的服务器上存储，又没有被告知哪些内容应该删除，则 ISP 不承担侵权责任。"避风港原则"也被扩展应用于提供搜索引擎、网络存储、在线图书馆等服务的提供商。

第二，在接到权利人通知后，网络服务提供者要断开链接。首先，这里的"通知"要满足一定的形式要件。正如《信息网络传播权保护条例》第14条规定的，提交的"书面通知书"应当包含下列内容："（一）权利人的姓名（名称）、联系方式和地址；（二）要求删除或者断开链接的侵权作品、表演、录音录像制品的名称和网络地址；（三）构成侵权的初步证明材料。"另外，明确"权利人应当对通知书的真实性负责"。其次，只要网络服务提供者断开链接，就不再承担赔偿责任。

第三，例外情况，在"明知或应知"所链接的作品、表演、录音录像制品侵权的，也就是在网络服务提供者主观上有过错的前提下，网络服务提供者要和侵权人一起承担共同侵权的责任。这里与《侵权责任法》第36条规定的立法精神是一致的。

在中国，2006年7月1日正式实施的《信息网络传播权保护条例》也引入了这项规定。

第一，在三方主体界定上，在图3-1中，横线下方是只提供技术、不参与经营活动的网络平台，被第14条界定为"网络服务提供者"；横线上方左边是真正的互联网内容提供者，在第16条被表述为"服务对象"；横线上方右边的用户（潜在的被侵权人），在第14条被界定为"权利人"。

第二，对不参与经营活动的网络平台的义务范围界定上，第14条表述为"提供信息存储空间或者提供搜索、链接服务的网络服务提供者"。也就是说，网络平台在这里是指只提供信息存储空间或者提供搜索、链接服务，并且没有参与网络内容的平台，如果参与到内容创作、传播中，则不适用此条规定。

第三，在追责的程序上，第14~17条规定了一整套"通知-反通知"的法定流程。

第14条规定明确了"通知-删除"程序的法定条件，"对提供信息存储空间或者提供搜索、链接服务的网络服务提供者，权利人认为其服务所涉及的作品、表演、录音录像制品，侵犯自己的信息网络传播权或者被删除、改变了自己的权利管理电子信息的，可以向该网络服务提供者提交书面通知，要求网络服务提供者删除该作品、表演、录音录像制品，或者断开与该作品、表演、录音录像制品的链接。"并明确"通知书应当包含下列内容：（一）权利人的姓名（名称）、联系方式和地址；（二）要求删除或者断开链接的侵权作品、表演、录音录像制品的名称和网络地址；（三）构成侵权的初步证明材料。权利人应当对通知书的真实性负责。"

第15条规定了网络平台接到权利人的通知后的处理方式——应当立即删除涉嫌侵权的内容，或者断开链接，并应同时将通知书转送提供作品、表演、录音录像制品的服务对象；服务对象网络地址不明、无法转送的，应当将通知书的内容同时在信息网络上公告。

第16条规定了服务对象（真正的网络内容提供者）的"反通知"流程，"服务对象接到网络服务提供者转送的通知书后，认为其提供的作品、表演、录音录像制品未侵犯他人权利的，可以向网络服务提供者提交书面说明，要求恢复被删除的作品、表演、录音录像制品，或者恢复与被断开的作品、表演、录音录像制品的链接。"并规定了反通知书的法定要件[1]。其中，第2款还特别强调了"服务对象应当对书面说明的真实性负责"。

第17条规定了网络服务提供者接到服务对象的"反通知"后应当如何处理，要立即恢复被删除的内容或恢复断开的链接"[2]。至此，"通知-反通知"的流程走完。

第四，在网络平台责任方面，明确了不参与经营活动、不提供内容的网络平台在哪些情况下应当承担或不承担民事赔偿责任。

---

[1] 《信息网络传播权保护条例》第16条规定，服务对象接到网络服务提供者转送的通知书后，认为其提供的作品、表演、录音录像制品未侵犯他人权利的，可以向网络服务提供者提交书面说明，要求恢复被删除的作品、表演、录音录像制品，或者恢复与被断开的作品、表演、录音录像制品的链接。书面说明应当包含下列内容：（一）服务对象的姓名（名称）、联系方式和地址；（二）要求恢复的作品、表演、录音录像制品的名称和网络地址；（三）不构成侵权的初步证明材料。服务对象应当对书面说明的真实性负责。

[2] 《信息网络传播权保护条例》第17条规定，"网络服务提供者接到服务对象的书面说明后，应当立即恢复被删除的作品、表演、录音录像制品，或者可以恢复与被断开的作品、表演、录音录像制品的链接，同时将服务对象的书面说明转送权利人。权利人不得再通知网络服务提供者删除该作品、表演、录音录像制品，或者断开与该作品、表演、录音录像制品的链接。"

第 22 条规定了网络平台不承担责任的 4 种情况，分别是"（一）明确标示该信息存储空间是为服务对象提供的，并公开网络服务提供者的名称、联系人、网络地址；（二）未改变服务对象所提供的作品、表演、录音录像制品；（三）不知道也没有合理的理由应当知道服务对象提供的作品、表演、录音录像制品侵权；（四）未从服务对象提供作品、表演、录音录像制品中直接获得经济利益。"这 4 种情况恰恰进一步明确了网络平台没有参与网络内容的制作、经营活动的法律地位。

第五，明确了不参与经营活动的网络平台，承担法律责任主要适用过错原则，主观过错是承担民事责任的关键。不论是《信息网络传播权保护条例》中规定的"明知或应知"，还是《侵权责任法》中规定的"知道"，都说明主观上具有过错，是网络信息平台承担民事责任的关键。那么接下来的问题就是：如何认定"明知或应知"，如何认定网络信息平台的主观过错。《信息网络传播权保护条例》第 22 条规定，"在接到权利人的通知书后，根据本条例规定删除权利人认为侵权的作品、表演、录音录像制品。"也就是说，在接到权利人的通知书后，网络平台就处于"明知"的状态，此时如果处理，就不承担责任；如果不处理，就需要承担连带侵权责任。这与 2009 年的《侵权责任法》第 36 条规定的思路一致[1]，都是以网络平台主观过错为归责前提的。

《信息网络传播权保护条例》第 23 条进一步规定不参与经营活动的网络平台，在哪些情况下需要承担间接侵权责任，"网络服务提供者为服务对象提供搜索或者链接服务，在接到权利人的通知书后，根据本条例规定断开与侵权的作品、表演、录音录像制品的链接的，不承担赔偿责任；但是，明知或者应知所链接的作品、表演、录音录像制品侵权的，应当承担共同侵权责任。"这里进一步与第 22 条呼应，确定网络平台主观过错是归责的前提，即只有在"明知或者应知"的情况下，才与上传内容的服务对象承担共同侵权责任。

这里，不参与经营活动的网络平台是否承担共同侵权责任，主观上是

---

[1] 《侵权责任法》第 36 条规定，"网络服务提供者知道网络用户利用其网络服务侵害他人民事权益，未采取必要措施的，与该网络用户承担连带责任。"

否有过错成为重要的判定依据。

自 2013 年 1 月 1 日起实施的最高人民法院《关于审理侵害信息网络传播权民事纠纷案件适用法律若干问题的规定》，把网络平台的主观过错进一步明确细化。第 13 条规定了"明知"的情况，"网络服务提供者接到权利人以书信、传真、电子邮件等方式提交的通知，未及时采取删除、屏蔽、断开链接等必要措施的，人民法院应当认定其明知相关侵害信息网络传播权行为。"第 9 条[1]、第 10 条[2]、第 12 条[3]规定了认定网络平台"应知"的几种法定情形。

2016 年 4 月 13 日《北京市高级人民法院关于涉及网络知识产权案件的审理指南》第 26 条规定也明确了平台服务商"知道"网络卖家利用其网络

---

1 最高人民法院《关于审理侵害信息网络传播权民事纠纷案件适用法律若干问题的规定》第 9 条，人民法院应当根据网络用户侵害信息网络传播权的具体事实是否明显，综合考虑以下因素，认定网络服务提供者是否构成应知：
（一）基于网络服务提供者提供服务的性质、方式及其引发侵权的可能性大小，应当具备的管理信息的能力；
（二）传播的作品、表演、录音录像制品的类型、知名度及侵权信息的明显程度；
（三）网络服务提供者是否主动对作品、表演、录音录像制品进行了选择、编辑、修改、推荐等；
（四）网络服务提供者是否积极采取了预防侵权的合理措施；
（五）网络服务提供者是否设置便捷程序接收侵权通知并及时对侵权通知作出合理的反应；
（六）网络服务提供者是否针对同一网络用户的重复侵权行为采取了相应的合理措施；
（七）其他相关因素。

2 最高人民法院《关于审理侵害信息网络传播权民事纠纷案件适用法律若干问题的规定》第 10 条，网络服务提供者在提供网络服务时，对热播影视作品等以设置榜单、目录、索引、描述性段落、内容简介等方式进行推荐，且公众可以在其网页上直接以下载、浏览或者其他方式获得的，人民法院可以认定其应知网络用户侵害信息网络传播权。

3 最高人民法院《关于审理侵害信息网络传播权民事纠纷案件适用法律若干问题的规定》第 12 条，有下列情形之一的，人民法院可以根据案件具体情况，认定提供信息存储空间服务的网络服务提供者应知网络用户侵害信息网络传播权：
（一）将热播影视作品等置于首页或者其他主要页面等能够为网络服务提供者明显感知的位置的；
（二）对热播影视作品等的主题、内容主动进行选择、编辑、整理、推荐，或者为其设立专门的排行榜的；
（三）其他可以明显感知相关作品、表演、录音录像制品为未经许可提供，仍未采取合理措施的情形。

服务实施侵害商标权行为，包括"明知"和"应知"。认定平台服务商知道网络卖家利用网络服务侵害他人商标权，可以综合考虑以下因素。

（1）被控侵权交易信息位于网站首页、栏目首页或其他明显可见位置。

（2）平台服务商主动对被控侵权交易信息进行了编辑、选择、整理、排名、推荐或修改等。

（3）权利人的通知足以使平台服务商知道被控侵权交易信息或交易行为通过其网络服务进行传播或实施。

（4）平台服务商针对相同网络卖家就同一权利的重复侵权行为未采取相应的合理措施。

（5）被控侵权交易信息中存在网络卖家的侵权自认。

（6）以明显不合理的价格出售或提供知名商品或服务。

（7）平台服务商从被控侵权交易信息的网络传播或被控侵权交易行为中直接获得经济利益。

（8）平台服务商知道被控侵权交易信息或交易行为侵害他人商标权的其他因素。

2017年4月11日，北京市石景山人民法院召开"关于涉动漫游戏知识产权案件新情况、新问题及其对策"新闻发布会，也明确了在游戏渠道发行平台的责任认定中主要适用过错原则，应当考虑其经营模式。游戏渠道平台商在收到权利人发送的侵权警告函和初步证据之后，应当采取必要措施，否则需要对扩大的损失承担连带责任[15]。

第六，不提供内容、不参与经营活动的网络平台，不承担事前的内容审查义务。根据2012年3月的《著作权法》第三次修改草案中第69条第1款规定，"网络服务提供者在为网络用户提供存储、搜索或者链接等单纯网络技术服务时，不承担与著作权或相关权有关的信息审查义务。"也标明立法者承认在著作权领域、网络平台不承担事前的信息审查义务。

最高人民法院《关于审理侵害信息网络传播权民事纠纷案件适用法律若干问题的规定》第11条提出了在特定情况下，网络服务提供者虽然没有事前的信息审核义务，但具有较高的注意义务。一是网络服务提供者从网络用户提供的作品、表演、录音录像制品中直接获得经济利益的，人民法院应当认定其对该网络用户侵害信息网络传播权的行为负有较高的注意义务；二是网络服务提供者针对特定作品、表演、录音录像制品投放广告获取收益，应当认定为"直接获得经济利益"，要负有较高注意义务；三是获取与其传播的作品、表演、录音录像制品存在其他特定联系的经济利益，应当认定为"直接获得经济利益"，都要负有较高注意义务。但也明确指出，"网络服务提供者因提供网络服务而收取一般性广告费、服务费等，不属于本款规定的情形。"

综上，在网络平台民事责任 1.0 模型下，以著作权侵权为例，我们对不参与经营活动的网络平台（主要是网络信息平台）承担民事法律责任的情况进行梳理如下。

（1）从主体来讲，在网络平台民事责任 1.0 模型下，有 3 类主体，即不参与经营活动的网络平台、真正的网络内容提供者及互联网内容的受众用户。

网络平台在这里只提供存储、搜索或链接等单纯网络技术服务。网络内容提供者是互联网上内容的真正提供者，应当对内容负第一责任。用户是互联网内容的传播受众，也有可能是互联网内容真正的著作权所有者，即被侵权人。

（2）从主体之间的法律关系来讲，互联网服务提供者提供了网络发布空间、网络技术服务，分别与网络内容提供者和用户形成网络技术服务合同关系。

（3）从主观过错来讲，不参与经营活动的网络平台承担民事法律责任，适用的是过错原则。有主观过错是归责的前提。

（4）从赔偿责任来讲，这类网络平台的民事责任主要在民事侵权领域。当互联网企业作为第一类网络平台时，真正的网络内容提供者在该平台发布信息，侵害了他人的民事权益，在符合法律规定的情形下，网络平台应当承担侵权责任。

2009 年《侵权责任法》第 36 条规定的内容，即"网络用户、网络服务提供者利用网络侵害他人民事权益的，应当承担侵权责任。网络用户利用网络服务实施侵权行为的，被侵权人有权通知网络服务提供者采取删除、屏蔽、断开链接等必要措施。网络服务提供者接到通知后未及时采取必要措施的，对损害的扩大部分与该网络用户承担连带责任。网络服务提供者知道网络用户利用其网络服务侵害他人民事权益，未采取必要措施的，与该网络用户承担连带责任。"

这里，互联网企业作为网络信息平台承担民事责任的情况有以下3种。

第一，网络用户或网络信息平台提供者的单独侵权，利用网络侵害他人民事权益的，要单独承担民事责任。例如，在版权领域，网络信息平台的提供者利用平台发布了侵害其他用户版权的信息内容，就构成了单独侵权，这个责任与他人无关，因此要由网络信息平台单独承担侵权的民事责任。

第二，网络用户利用网络服务实施侵权行为，被侵权人通知网络信息平台提供者采取必要措施，平台提供者接到通知应当采取措施而未及时采取的，对损害扩大的部分与该用户承担连带责任。这里的连带责任是共同侵权导致的连带责任，是平台提供者与该侵权用户之间的按份承担，且承担后不得追偿。

第三，网络服务提供者知道网络用户利用网络服务侵害他人民事权益，未采取必要措施的，因为有了主观过错，所以要与该用户承担连带责任[16]。

对于处于底层技术的云计算平台，其注意义务是否要更加减轻，目前正处于探讨之中。云计算服务作为底层的基础设施服务，与目前应用层的互联网信息存储空间服务、搜索连接服务等在技术、业务上还存在显著区别，应尽的注意义务也不尽相同。有专家表示，简单使用"通知-删除"规则似乎并不能解决该领域的知识产权侵权问题，因此提出是否可以用"通知-协助"方式应对相关问题，在严格审查有效通知的基础上，企业采用转通知等方式协助解决知识产权纠纷问题[17]。

二、部分参与经营活动的网络平台民事责任

按照第一章对网络平台类型化的分析,在第二类网络平台情况下,网络平台既提供技术基础,又提供一定的市场条件,属于部分参与经营活动,有一定的利益相关性。这类网络平台最典型的包括网络第三方交易平台。当互联网企业作为网络交易平台时,这里的交易既包括买卖有形的商品,也包括提供服务,如现在火爆的 O2O 家政、美甲、洗车、餐饮、知识付费等各类服务。网络平台民事责任 2.0 模型如图 3-2 所示。

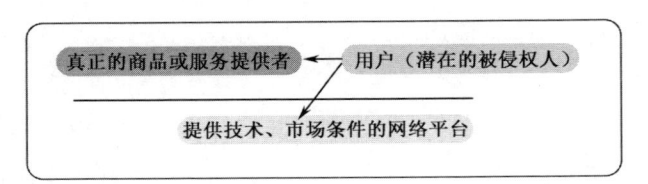

图 3-2　网络平台民事责任 2.0 模型

(一)以网络交易平台为例

正如 2014 年国家工商总局《网络交易管理办法》第 3 条第(1)款所规定的,"本办法所称网络商品交易,是指通过互联网(含移动互联网)销售商品或者提供服务的经营活动"。第 22 条第(2)款规定,"前款所称第三方交易平台,是指在网络商品交易活动中为交易双方或者多方提供网页空间、虚拟经营场所、交易规则、交易撮合、信息发布等服务,供交易双方或者多方独立开展交易活动的信息网络系统。"

通过以上规定可以看出,在电子商务中的第三方交易平台既为交易活动提供了信息网络系统、网页空间、虚拟经营场所等技术基础,又提供了交易过程中的交易规则、交易撮合、信息发布服务,也包括一定的广告服务,如店铺的搜索排名、广告位展示服务等,对进驻平台的店铺商家承担一定的管理职责,当发生消费纠纷时,需要辅助消费者进行维权。

消费者在平台进行交易，其合法权益受到网店商品的销售者或服务提供者的侵害，当具备法定条件时，网络交易平台也应当承担相应的赔偿责任。这就是 2013 年《消费者权益保护法》第 44 条规定的内容，"消费者通过网络交易平台购买商品或者接受服务，其合法权益受到损害的，可以向销售者或者服务者要求赔偿。网络交易平台提供者不能提供销售者或者服务者的真实名称、地址和有效联系方式的，消费者也可以向网络交易平台提供者要求赔偿；网络交易平台提供者作出更有利于消费者的承诺的，应当履行承诺。网络交易平台提供者赔偿后，有权向销售者或者服务者追偿。""网络交易平台提供者明知或者应知销售者或者服务者利用其平台侵害消费者合法权益，未采取必要措施的，依法与该销售者或者服务者承担连带责任。"

这里，互联网企业作为网络交易平台，承担的民事责任可以分为以下 3 种情况。

（1）商品的销售者或者服务者是第一责任人，当消费者通过网络交易平台交易，合法权益受到损害，第一选择就是向销售者或者服务者要求赔偿，点明了销售者或者服务者才是赔偿责任的第一责任人。

（2）网络交易平台承担不真正连带责任，又可以具体细分成两种情形：一种是法定的不真正连带责任，即当网络交易平台提供者不能提供销售者或者服务者的真实名称、地址和有效联系方式时，要承担连带责任；另一种是约定的不真正连带责任，即当网络交易平台提供者作出更有利于消费者的承诺的，也要承担连带责任。

这里与网络信息平台按照《侵权责任法》第 36 条规定承担的连带责任不同，网络交易平台承担的连带责任不是真正的连带责任，是赔偿后有权向销售者或服务者行使追偿权的，而网络信息平台承担的连带责任不能向侵权的网络用户追偿。

此外，还应当注意的一点是，网络交易平台必须提供"有效"的联系方式，这项规定的目的是保护商事活动的市场秩序，帮助消费者明确最终的责任承担方，在立法原则上选择了维护消费者权益至上的立场。

《消费者权益保护法》第 43 条规定，"消费者在展销会、租赁柜台购买商品或者接受服务，其合法权益受到损害的，可以向销售者或者服务者要求赔偿。展销会结束或者柜台租赁期满后，也可以向展销会的举办者、柜台的出租者要求赔偿。展销会的举办者、柜台的出租者赔偿后，有权向销售者或者服务者追偿。"其目的也是确保消费者在线下购物环境中的权益损害时，能找到明确的赔偿者与责任承担人。因此，网络交易平台必须做好销售者的准入登记制度，如果提供的联系方式无效，无法联系到销售者或服务者，网络交易平台仍然要承担连带责任。

这里还应注意的一点是，除了法定的不真正连带责任，还有一种约定的不真正连带责任。网络交易平台出于市场竞争、行业自律、企业宣传、形象树立等目的，有时会做出比法律要求更为严格、更有利于消费者的承诺。例如，法律要求 7 天无理由退货，而网络交易平台可以做出 10 天无理由退货的承诺，这时就要依照这个约定来承担连带责任。

（3）网络交易平台在明知或者应知情况下，未采取必要措施的，依法与该销售者或者服务者承担连带责任。

网络交易平台的民事责任，主要是对用户销售假冒伪劣商品侵害消费者权益或其他经营者权益的情形要不要承担连带责任，集中体现为《消费者权益保护法》《食品安全法》《网络交易管理办法》《电子商务法》等。消费者在平台进行交易，其合法权益受到网店商品的销售者或服务提供者的侵害，当具备法定条件时，网络交易平台也应当承担相应的赔偿责任。关于网络交易平台的民事侵权责任，基本按照《消费者权益保护法》的规定执行。

（二）以微商为例

2014 年以来，随着用户时间的碎片化、交易需求的随时化、平台功能的丰富性等发展，以及随着微博、微信、陌陌、易信等移动社交平台的兴起，越来越多的人利用社交平台中的口碑传播效果和人际背书增强信服力等特点，开始在移动社交平台内开展营销活动、发布广告，或者推销商品、推荐服务，如"微商"的兴起。

围绕"微商"，引发了消费者、业界、媒体及监管部门的广泛关注，也给学术研究带来了新的视角——当用户利用了第一类网络平台（平台不参与经营活动，只提供技术支持的情况）从事网络交易活动时，消费者权益如何维护、民事责任如何承担？这也是《消费者权益保护法》没有规定的法律空白，我们有必要结合前面对于第一类网络平台、第二类网络平台的性质界定、责任界定，围绕"微商"进行重新界定。

2015年年初，媒体上关于"微商"的各类报道扑面而来。面对这样的媒体报道，我们不禁困惑，微信和"微商"到底是什么关系？消费者在微信朋友圈买到了假货，发生了人身或财产损失，应当找谁负责？

截至目前，学界、业界对"微商"还没有一个统一成熟的定义，普通用户会简单认为"微商"就是在微信上卖东西的人。最早微商起源于微博时代的"微营销"，借助了最火的社交平台，利用超高的人气和熟人、明星、"大V"等人际背书，增强受众对商品或服务的信任感，从而提高产品的知名度和销量。在目前应用比较广泛的各移动社交产品中，都有"微商"的痕迹，如微信、微博、陌陌、易信等。

在移动互联网时代，传统电商有了新的发展样态，可以总结为以下3种趋势。

1. 移动化电商

随着移动互联网技术的飞速发展，以及移动智能终端的大量普及，传统电商平台从PC端自然延伸、移植到移动端，产生了移动电商活动。其中，常见的手机淘宝、手机天猫、手机京东等，以及最近新兴的口袋购物等独立的App都属于这种类型。根据艾瑞统计，2014年中国移动购物交易额在整个网络购物市场中占比达33%。在具体企业份额中，阿里无线（包括手机淘宝、手机天猫）、手机京东、手机唯品会占据前3位，分别是86.2%、4.2%、2.1%。其中，阿里无线一家独大，占比86.2%，其无线端通过"淘宝+天猫"提供平台服务，再由交易入口向无边界生活圈转型。而京东仅占4.2%的市场份额，与阿里无线相去甚远。

2. 模块化电商

模块化电商是指除传统电商公司自己开发的独立移动应用之外，其他的移动App应用（如打车软件、影评软件等）为了充分利用其所拥有的用户资源所做的一些商业化尝试。在 App 中增加电商模块，通过移动支付获取增值服务收益。这类情况在借助 LBS（位置定位服务）的 O2O 的商业模式中尤为普遍，充分体现了互联网的跨界融合特点，以及"基础服务免费，增值服务收费"的互联网赢利模式。模块化电商类型多样，以下为几种典型体现。

（1）"微信小店"。微信小店是腾讯公司基于微信社交工具的电商解决方案[1]，与其他公众号类似，开通"微信小店"的公众号页面会提供该公众号经营者的详细主体信息。微信提供网络交易的支持服务，相关业务的开展由经营者自行运营。

（2）新浪微博中的"微卖"。该产品由北京优舍科技有限公司基于新浪微博这个社交网络传播媒介开发，为商品销售经营者提供商品售卖平台，帮助用户在微博中与好友分享自有商品，促进用户间的商品交易。任何人都可以使用"微卖"平台，利用社交信息的共享优势售卖各种商品。但基于移动互联网的发展趋势，该产品限制卖家只能通过手机端应用软件进行订单等销售管理。

（3）豆瓣电影。豆瓣电影本来是电影评论 App，现在已经加入在线购买电影票模块，与支付宝打通，支持移动在线购票、选座。利用移动互联网技术把线上工具和线下实体店连接起来，有助于吸引更多的线上客户到线下实体店去体验和消费。

此外，美国的移动社交应用 Twitter（推特），也在与加拿大电子商务软件开发商 Shopify 及其他电子商务软件公司进行合作，把"Buy"按钮推广给更多的商户。据悉，Shopify 目前在美国拥有约 10 万家商户使用其软件运营自己的网店。通过与 Twitter 的合作，这些商户便能够使用 Shopify 软

---

[1] "微信小店"建立在微信公众号体系之下，微信公众号为开发者或经营者提供功能，在微信平台上向订阅用户发布包括文字、图片、语音、视频等多媒体信息。它又可分为订阅号和服务号：订阅号，每天可群发一条信息，经认证后的订阅号有自定义菜单功能，通过对自定义菜单的设置，用户单击可跳转至对应页面；服务号，申请后带有自定义菜单（同上），认证后有高级接口、支持进一步开发，每周群发一条信息。基于避免骚扰等用户体验的考虑，公众号均不可主动添加好友，在用户主动关注后才能发送信息。

件在 Twitter 消息中销售自己的商品。Twitter、脸书和 Pinterest 均在平台中植入了购买按钮"Buy"，尝试通过庞大的受众群体及用户通过平台购买商品的兴趣获得收入。脸书目前也在同 Shopify 进行独家合作，测试该公司的购买按钮"Buy"[18]。这意味着 Twitter 也在移动社交应用中加入了电商模块。

3. 碎片化电商

碎片化电商是指这类电商呈现充分碎片化状态，从货品展示、沟通、支付到物流的交易各环节，用户可以充分利用各类工具（互联网工具或传统工具）根据自身需求，自主选择、自由组合，最终完成整个交易过程。此类电商具有显著的交易流程碎片化、交易工具碎片化、交易信息碎片化和交易证据碎片化等特点。作为某个工具的提供者，只能被动地参与到某个或某几个环节中，无法了解交易流程的全貌。交易的证据和留存记录也是碎片化的，是互相割裂的。例如，一个卖家可以利用微博、朋友圈、淘宝、百度贴吧等进行商品展示，通过短信、电话、微信甚至线下进行议价，再通过银联、网银或支付宝转账完成支付，通过快递完成物流。每个环节都有若干种选择，如表 3-1 所示。

表 3-1 碎片化电商交易环节详解

交易环节	可选工具
展示	线上：朋友圈、陌陌、微博、博客、论坛等 线下：店面展示、纸质传单等
沟通	线上：短信、电话、微信、易信、陌陌、QQ 等 线下：当面交流
支付	线上：支付宝、微信支付、银联、网银等 线下：现金支付、易货
物流	卖家送货、买家自提、快递、邮政、地铁站口自提等

在"微商"的视角下，微信作为第一类不参与经营活动的网络平台，在经营活动中没有任何的利益相关性，仅提供了交流平台，却被当作网络交易的渠道，此时微信平台究竟应当承担什么样的法律责任？此时，我们有必要结合前面对于不参与经营活动的第一类网络平台和部分参与经营活

动的第二类网络平台的性质界定、责任界定，进行以下分析。

（1）微信在这里没有任何的利益相关性，没有从中盈利，只提供了技术基础和交流平台。作为网络平台，通过网站的用户协议，与用户之间形成的是网络信息服务合同，目的是向用户提供信息发布、信息接收的服务，应当适用一般的民事规则；而网络交易平台（如淘宝）通过用户协议，与用户之间形成的是网络交易服务合同，目的是向用户提供网络交易的支持服务，真正达成交易的还是交易双方，网络交易平台提供了用户市场准入登记，为交易双方或多方提供网页空间、虚拟经营场所、交易规则、交易撮合、订单生成、订单管理、支付结算等支持服务，从而帮助交易双方完成全部交易行为，形成完整交易闭环，这里应当适用的是商事规则。

（2）网络信息平台的用户利用网络信息平台发布交易信息、从事商事交易活动，已经超出了网络信息平台的主观意愿，属于用户自主、自发的行为，超出了用户协议的范畴。在这一点上网络信息平台与用户之间没有达成协议，也就没有形成网络交易服务合同。

（3）如果双方用户通过网络信息平台进行了网络交易活动，这本质上属于用户间的自主自愿行为，与网络信息平台提供者无关。

（4）在网络信息平台没有提供交易帮助的情况下，平台处于超然地位，一旦发生消费者权益受损的情况，网络信息平台不承担赔偿责任。

再结合上面移动电商发展的 3 种形态，我们的思路基本清晰——首先要看商家利用了什么平台；其次要看平台是否提供了具体的支持；最后要看是否具有主观过错，才能确认平台的民事责任。

（1）利用网络交易平台的，在移动化电商、模块化电商的情况下，平台的本质是部分参与经营活动的第二类网络平台，即网络交易平台。若设立的主观意愿就是促进网络交易的网络平台，商品经营者或服务提供者是第一责任人，当消费者合法权益受损时，可以依据《消费者权益保护法》第 44 条规定的内容执行。

（2）利用网络信息平台的，在碎片化电商的情况下，从货品展示、沟通、支付到物流的交易各环节，都被碎片化到不同平台的不同应用中，为了满足用户随时随地的交易需求，用户在碎片化时间内可以充分利用各类工具（互联网工具或传统工具），根据自身需求自主选择、自由组合，最终完成整个交易过程。在此过程中使用了若干个平台，可以利用微博、朋友圈、淘宝、百度贴吧等进行商品展示，通过短信、电话、微信甚至线下进行议价，再通过银联、网银、财付通或支付宝转账完成支付，通过快递完成物流。整个流程没有在任何一款产品中形成完整闭环。在这种交易模式下，无论哪个单独的工具都无从了解和控制整个交易过程。

这里的微博、朋友圈、贴吧、短信、电话等网络信息平台设立的主观意愿都不是促成网络交易，没有撮合交易的目的，也没有完整的订单管理系统，他们与用户签订的用户协议也不是网络交易服务合同，属于用户自发、自主地利用了若干个网络信息平台最终完成交易活动。网络信息平台在交易双方的网络交易行为中没有提供具体的交易支持，处于超然中立的地位。因此，当消费者合法权益受到损害时，网络信息平台不承担赔偿责任。

通过现有的民事纠纷解决机制，消费者权益可以得到保护。销售者销售商品的，消费者可以按照《侵权责任法》第43条要求商品的生产者、销售者承担产品责任；服务者提供服务的，消费者可以按照《消费者权益保护法》第40条规定，"消费者在接受服务时，其合法权益受到损害的，可以向服务者要求赔偿。"当然，在特定的食品、药品等领域，还要遵守特殊法的规则。

（3）利用网络信息平台从事交易活动，而信息平台明知或应知的。商品销售者或服务提供者利用网络信息平台开展交易活动，而网络信息平台提供者明知或应知，却没有及时采取必要措施的，因此造成消费者权益损害的，要依照《侵权责任法》第36条与该网络用户承担连带责任。因为网络信息平台对销售者或服务提供者利用其平台实施侵权行为，已经明知或应知，有了主观过错，而没有制止，就会形成共同侵权，因此承担连带责任来弥补被侵权人的损失，这是合理的。

另外，当网络信息平台为网络交易活动提供了具体的交易支持时，其身份就发生了转变，就由仅提供技术基础的第一类网络平台转变为提供技术和市场条件、部分参与经营活动的第二类网络交易平台，因此就要承担网络交易平台的法律责任。

（4）网络信息平台的社会责任。尽管网络信息平台在用户自发的网络交易行为中有可能不承担法律责任，尽管《消费者权益保护法》对网络信息平台向消费者承担的民事责任未做出规定，但并不意味着网络信息平台完全应当置身事外。本着对用户负责、用户权益至上的原则，网络信息平台应当积极履行社会责任，协助消费者保护自身合法权益。网络信息平台可以在以下几个方面做出努力。

第一，建立完善用户风险提示制度。为了避免用户在微信中遭受资金转账、交易受骗等各类损失，在工具软件内置风险提示模块，预设大量账号安全、财产安全等方面的相关关键词。只要用户聊天内容包括"资金""转账""银行卡号"等相应关键词，即自动触发该提示功能，从各个角度对消费者进行风险提示。

第二，畅通用户举报渠道。广大的消费者在遭受不法侵害时，往往难以找到举报途径，作为工具提供者，可以在其工具内提供多种举报途径，不断完善举报流程，并及时对消费者的举报进行处理回复。

第三，对恶意网址进行拦截与提示。作为工具提供者，可以凭借其技术优势充分利用恶意网址数据库，为消费者提供网址拦截及提醒的功能。同时，还可以在工具中将打开的链接加入专门的安全扫描，并使用专门的恶意网址检测系统进行风险评估，对于在数据库中已确定为恶意的网址进行阻止访问处理，对于无法确定风险的网址给予安全提示，可以有效阻止恶意网址的扩散传播。

第四，积极配合政府部门，针对部分"微商"存在的侵害消费者合法权益的违法行为，建立重大专项行动的联动机制。针对专项行动目标，发现疑似问题及时向政府部门举报线索，并根据政府部门的认定结果配合执法。

第五，积极配合消费者协会，开展各类对消费者的宣传教育活动，宣传重大典型案例，使消费者不断提高自我保护意识。

2015年3月15日，微信正式上线"品牌维权在线平台"（weixin110.qq.com）[19]，声明微信并非交易平台，对售假行为没有判断定性的能力。打击售假行为，需要依赖用户提供线索，依赖商标权利人的验证来判断售假是否属实。因此，要连接起用户和品牌方，建立品牌维权平台，处理非法售假行为。品牌维权平台是指在品牌方（商标权利人）接入后，用户可以通过微信或微信 110 的举报入口找到该品牌，并向该品牌提交微信个人账号/公众号售假举报。品牌方通过微信搭建的品牌维权在线平台查看举报线索，并对用户举报的售假账号进行鉴定，根据鉴定结果，向微信提出账号处理请求。微信将根据品牌方的鉴定结果，对售假账号进行封号处理，如图 3-3 所示。

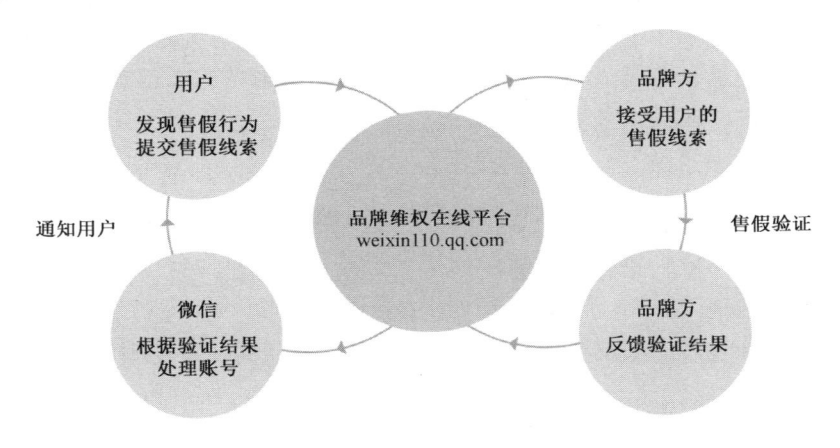

图 3-3　微信品牌维权在线平台

（三）知识付费平台

自 2016 年以来，中国迎来了从"流量经济"到"知识经济"的转折，"在行""得到""分答""知乎 Live""豆瓣时间""36 氪"等知识服务创业者越来越多地涌现。究其原因，总结为以下几点。

（1）从版权环境来看，中国网络版权环境持续改善，多主体协力治理侵权盗版，盗版打击力度持续增强，内容环境净化，用户付费习惯逐渐养成。

（2）从产业结构来看，流量经济依赖点击量、影响力及巨大的网民数量。对一则新闻进行迅速传播，从而实现商业价值，解决的是新闻信息不对称问题。但新闻信息本身的内容质量优劣，并没有体现出来。例如，早期门户时代"新闻超市"式的流量经济，靠的是廉价甚至免费地获得新闻内容供应，再将海量的内容免费提供给读者，吸引大量点击，最终通过广告获利。知识经济，解决的是细分领域的知识、经验不对称问题，核心是通过内容本身吸引用户，强调了内容本身的质量。

（3）从用户需求来看，一是满足了逐渐壮大的新中产阶层的知识焦虑、不安全感等强烈需求；二是随着消费升级，用户个性化需求逐渐出现，挑战传统流量付费内容生成样态；三是用户获取信息的方式发生变化，从被动接受到主动寻找，信息选择的行为和意愿更加成熟、理性。

在知识付费平台上，付费模式的形成分为两个阶段。一是付费后提供服务，如收听、收看。这是所有知识付费平台采取的收费模式。二是在收听、收看后，不满意退款。

回到法律层面，分析如下。

（1）知识付费平台的法律性质仍然属于第二类网络交易平台，提供了技术和市场条件，部分参与到经营活动中。知识付费平台上的内容不是平台方自己直接提供的，而是由第三方内容提供者上传的。

（2）在内容的版权责任方面，仍然可以适用"避风港原则"，适用"通知-删除"程序。

（3）在民事赔偿部分，仍然可以按照过错原则，承担赔偿责任。

（4）在电商领域，7天无理由退款已是基本规则。《消费者权益保护法》也赋予了消费者网购后悔权。知识付费平台应自觉将知识商品化，自觉遵守电子商务的法律规则。《网络交易服务管理办法》里规定的"商品或服务"，现在看来，"服务"的范畴正在不断扩宽。

三、直接参与经营活动的网络运营者民事责任

按照第一章对网络运营者的类型化分析，在第三类网络平台情况下，网络运营者不仅是生产关系中的中介角色，其在整个市场关系中，还提供了技术基础、市场条件，并直接提供了商品或服务，开始自己直接参与网络经营活动，如自己直接生产并上传内容、自己参与制作发布广告、自己直接售卖商品或服务等。例如，视频网站的自制网络剧、自制网络大电影、

自制网络综艺节目；新浪公司在新浪门户网站上承接品牌广告发布业务；京东购物网站的自营业务部分；等等。网络平台民事责任 3.0 模型如图 3-4 所示。

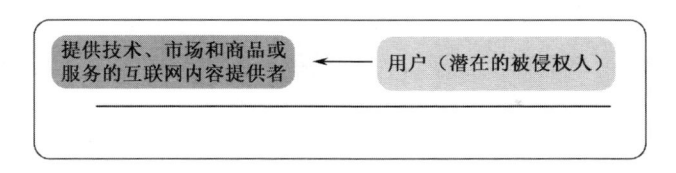

提供技术、市场和商品或服务的互联网内容提供者 ← 用户（潜在的被侵权人）

图 3-4　网络平台民事责任 3.0 模型

在这种情形下，网络运营者的行为呈现以下特点。

（1）网络运营者不再是中立第三方的中介平台角色，而是提供技术基础、市场条件，并直接参与网络经营活动，直接生产内容、发布广告等。该类网络运营者在《著作权法》里就是著作权人，在《互联网视听节目服务管理规定》里就是"互联网视听节目服务单位"，在《广告法》里就是"广告发布者"，在《网络交易管理办法》中就是"网络商品经营者"。此时，该网络运营者不再是本书所界定的网络平台角色，第一章所界定的网络平台仅指连接双边或多边关系的中间商。

（2）网络运营者需要双重资质，除了需要申请网络信息服务许可证，还需要直接参与网络经营活动的特许许可资质。例如，视频网站自己制作电视剧、电影、动画片、电视综艺的，还需要取得《广播电视节目制作经营许可证》；如果拍摄电视剧、电影，就要在原国家新闻出版广电总局申请单片资质及《电视剧制作许可证（乙种）》，以及编剧授权书等；从事电影发行的，还需要取得《电影发行经营许可证》。

（3）网络运营者直接从事网络经营行为，也直接承担因此而带来的法律后果，承担的不再是中间平台的责任，而是直接责任。与前两类网络平台相比，利益相关性最大，承担的法律后果也最重。

（一）以网络交易为例

第三类情况，是指电商里的自营业务，既提供网络技术基础，又提供市场条件，并直接参与经营活动，具有直接的利益相关性。

根据《网络交易管理办法》规定，该网络运营者即"网络商品经营者"。要遵循第二章规定的网络商品经营者的有关法律义务。例如，经营者依法办理工商登记；自然人应当通过第三方交易平台开展经营活动，并向第三方交易平台提供真实身份信息；依法取得有关许可；应当保证商品或服务的完整性；向消费者出具发票；7天无理由退款等。

如果将网络交易中的第二类网络平台和第三类网络平台相混淆，将此平台等同于彼平台，就会出现责任错位的情况。

（二）以网络广告为例

《广告法》和《互联网广告管理暂行办法》中涉及的法律主体比较多，包括广告主、广告发布者、广告经营者、广告代言人、程序化购买中的媒介方平台、资源方平台、信息交换平台和媒介方平台的成员单位、互联网信息服务提供者，恰好覆盖了本书前文所述的3类网络平台。

（1）互联网信息服务提供者，属于第一类网络平台，仅提供了网络技术。

2015年，《广告法》在修订时第45条新增了"互联网信息服务提供者"这一主体。这个概念的出现，是对网络广告行业和互联网信息技术发展现状的正视，承认了在某种特定情形下，互联网信息服务提供者本身并不是广告发布者，也不是广告信息的接收者，也没有在广告费用中得到收益或分成，与广告商业活动本身无关，只为他人发送、发布广告的活动提供了一个信息传输的场所或平台，它的角色属于第一类网络平台。

《互联网广告管理暂行办法》第17条再次细化并重申了这一立法观点，即"未参与互联网广告经营活动，仅为互联网广告提供信息服务的互联网信息服务提供者，对其明知或者应知利用其信息服务发布违法广告的，应当予以制止"。

在法律责任上，互联网信息服务提供者只在明知或应知的情况下对违法广告承担制止的义务。

（2）媒介方平台成员，属于第二类网络平台，提供了网络技术和市场条件。

《互联网广告管理暂行办法》第一次对"程序化购买"进行界定[1]。

"程序化购买"是互联网广告发展过程中诞生的特有模式，业内俗称广告联盟。因广告行业发展形式多样，除传统的广告设计公司、层层的代理公司之外，在互联网广告领域还出现了大量的 PC 广告联盟和移动广告联盟，将具有广告投放需求的广告主与持有广告位展示资源的流量主整合起来，有买有卖地从事广告投放与发布服务。可以说，广告联盟是拥有大量中小网站、中小应用软件的互联网行业长尾效应的必然结果。他们在广告活动中起到了重要的居间撮合、精准配置资源、价格交易等关键作用，连接起广告主和广告最终展现媒介，最终使广告活动顺利进行。

广告联盟通常分为"媒介方平台""广告需求方平台""广告信息交换平台"3 类。其中，广告需求方平台的成员是大量的广告主，而媒介方平台的成员是指大量缺乏自己广告营销变现能力的中小网站、微信公众号运营人员、中小应用软件的运营者等。常见的广告联盟有百度联盟、搜狗联盟、淘宝联盟、京东商城销售联盟、广点通联盟等。广告信息交换平台则是位于中间的技术服务商，提供数据匹配、广告价格、广告信息流推送等功能。

一个最简单的广告联盟关系，如图 3-5 所示。

如图 3-5 所示，左侧是媒介方平台，右侧是广告需求方平台，中间是为双方实现广告投放提供交易的平台，即广告信息交换平台。其中，媒介方平台和广告需求方平台下各拥有大量的成员，并由平台直接对成员进行管理。媒介方平台的联盟成员包括门户网站、客户端、应用软件、论坛-博客等，广告的展现形式有通栏广告、启动屏广告、弹窗广告、信息流广告等；广告需求方平台则直接对接快消品、汽车、服饰及电商等各领域的广告主。广告信息交换平台是指为媒介方平台与广告需求方平台进行广告投放提供交易平台的服务者。

---

[1] 《互联网广告管理暂行办法》第 15 条规定，"广告需求方平台经营者、媒介方平台经营者、广告信息交换平台经营者及媒介方平台的成员，在订立互联网广告合同时，应当查验合同相对方的主体身份证明文件、真实名称、地址和有效联系方式等信息，建立登记档案并定期核实更新。媒介方平台经营者、广告信息交换平台经营者及媒介方平台成员，对其明知或者应知的违法广告，应当采取删除、屏蔽、断开链接等技术措施和管理措施，予以制止。"

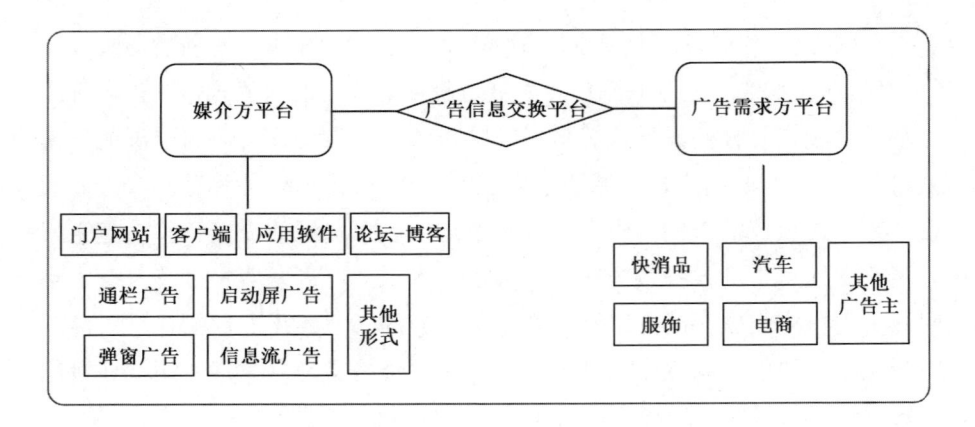

```
┌─────────────────────────────────────────────────────────────┐
│         ┌─────────┐    ╱广告信息╲    ┌─────────┐              │
│         │媒介方平台│───<            >───│广告需求方平台│         │
│         └─────────┘    ╲交换平台╱    └─────────┘              │
│  ┌────┐ ┌────┐ ┌────┐ ┌──────┐                              │
│  │门户│ │客户│ │应用│ │论坛-博客│    ┌────┐ ┌────┐            │
│  │网站│ │ 端 │ │软件│ │       │    │快消品│ │汽车│ ┌────┐     │
│  └────┘ └────┘ └────┘ └──────┘    └────┘ └────┘ │其他│     │
│  ┌────┐ ┌──────┐ ┌────┐                         │广告│     │
│  │通栏│ │启动屏│ │其他│           ┌────┐ ┌────┐  │ 主 │     │
│  │广告│ │ 广告 │ │形式│           │服饰│ │电商│  └────┘     │
│  └────┘ └──────┘ └────┘           └────┘ └────┘            │
│  ┌────┐ ┌──────┐                                            │
│  │弹窗│ │信息流│                                              │
│  │广告│ │ 广告 │                                              │
│  └────┘ └──────┘                                            │
└─────────────────────────────────────────────────────────────┘
```

图 3-5 广告联盟基本关系展示

众多广告主通过广告需求方平台，将广告投放在拥有广告位资源的媒介方平台的成员。在这种业务模式中，媒介方平台成员属于第二类网络平台——媒介方平台成员提供网络技术基础，提供展示位、参与广告收入的分成（具体分成比例取决于自身议价能力）。

第一，媒介方平台成员提供自己网站上的展示位，为广告主投放广告提供技术基础。

第二，媒介方平台成员与媒介方平台之间通过代码拉取、调用存储与广告联盟系统中的广告信息进行展示，某个广告位是否展示广告、展示哪个广告主的广告都由广告联盟的计算机系统在几毫秒内自动瞬间决定，媒介方平台成员事前并不知情且无法控制，并未实质参与任何广告经营行为，因此部分参与到广告经营活动中。

第三，在法律责任上，《互联网广告管理暂行办法》并没有进行法律定性，第 15 条在法律责任上予以明确，"媒介方平台经营者、广告信息交换平台经营者及媒介方平台成员，对其明知或者应知的违法广告，应当采取删除、屏蔽、断开链接等技术措施和管理措施，予以制止。"因此从立法可以看出，这里尊重了产业现实，没有给这几类主体以广告发布者、经营者责任，而只要求在"明知或者应知"的情况下对违法广告承担法律责任。

（3）主动利用自己的网络平台发广告的广告发布者，属于第三类网络平台，提供了技术、市场条件，并直接参与广告发布活动。

《广告法》第 2 条规定,"广告发布者,是指为广告主或者广告主委托的广告经营者发布广告的自然人、法人或者其他组织。"

与传统媒体发布广告时广告发布者都是在自己的广告展现平台上发布广告不同,互联网广告领域有其特殊性,广告发布者可以利用自设网站和拥有合法使用权的互联网媒介帮助别人发布广告。例如,腾讯利用腾讯网发布广告,就是利用自设网站,腾讯就是发布者;微信公众号的运营者利用公众号发布广告,公众号运营者作为广告发布者,就是利用他拥有合法使用权的微信公众号平台帮助别人发布广告,但与微信没有广告费用分成。此时,微信公众号的运营者是发布者,而微信充当了互联网信息服务提供者的角色。

互联网企业在自己的平台利用了自己的网络技术、市场条件直接发布广告并获取相应报酬的,就是广告发布者,也就是第三类网络平台,其利益相关性最大,承担的法律责任也最重。根据《广告法》《互联网广告管理暂行办法》,互联网广告发布者、广告经营者的法定义务至少包括:第一,建立健全互联网广告业务的承接登记、审核、档案管理制度;第二,审核查验并登记广告主的名称、地址和有效联系方式等主体身份信息,建立登记档案并定期核实更新;第三,应当查验有关证明文件,核对广告内容,对内容不符或证明文件不全的广告,不得设计、制作、代理、发布;第四,应当配备熟悉广告相关法规的广告审查人员,有条件的还应当设立专门机构,负责互联网广告的审查。

第三节　网络平台的刑事责任

网络平台的刑事责任,不同于民法意义上的平台主体,它不以规范网络主体的准入制度为主要目的,更多强化的是平台的管理责任。也就是说,即使网络平台的成立未通过合法许可或备案的程序,仍不影响其刑法上主体的认定。只要是网络服务的提供者,对网络空间搭建、规则制定和运营管理有技术监管权力的，就称为刑法上的犯罪主体。因此，管理责任是网络运营者承担刑事责任的责任基础所在。

按照前面搭建的网络运营者"三分法"的思路，仍然依据网络运营者与犯罪行为的利益相关性来判断，可以发现网络运营者的刑事责任也可分为 3 类。第一类是网络运营者不是犯罪的实施主体，对利用其平台实施犯罪的行为也持反对态度，但由于怠于履行管理责任或拒不履行管理责任引发危害后果而承担刑事责任；第二类是网络运营者不是犯罪的直接实施主体，明知他人利用平台实施犯罪且采取相应帮助措施，属于帮助犯；第三类是网络运营者是犯罪的直接组织者和实施者，属于刑法中的正犯。其中，第一类和第二类属于网络运营者作为中间商的网络平台的刑事责任，第三类网络经营者作为直接犯罪主体而应当承担的刑事责任，如图 3-6 所示。

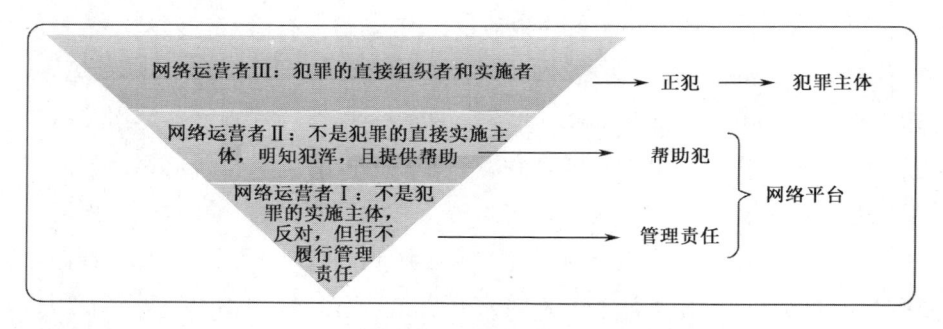

图 3-6　网络平台刑事责任类型化划分

一、拒不履行网络安全管理义务罪

2015 年 11 月 1 日《刑法修正案（九）》正式施行。其中，新增的网络安全犯罪条款引发了人们的热议。

此次修正案第 286 条之一是新增罪名"拒不履行网络安全管理义务罪"，是网络服务提供者不履行法律、行政法规规定的信息网络安全管理义务并造成危害后果而构成的犯罪，明确了网络安全管理责任刑罚化的基础，强化了网络平台管理与政府治理在刑法上的法律关系，促进了行政执法与刑事司法治理手段的衔接[1]。网络平台刑事责任 1.0 模型如图 3-7 所示。

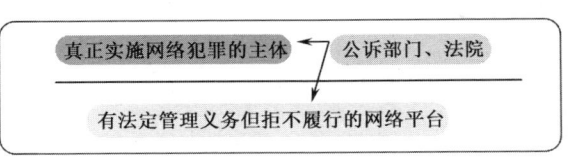

```
┌─────────────────────────────────────────┐
│   真正实施网络犯罪的主体  ←  公诉部门、法院  │
│  ─────────────────────────              │
│   有法定管理义务但拒不履行的网络平台         │
└─────────────────────────────────────────┘
```

图 3-7　网络平台刑事责任 1.0 模型

这里属于第一类网络运营者责任，属于网络平台刑事责任的范畴。在前面提过，网络运营者是网络平台的上位概念，网络运营者包括处于中介地位、双边或多边关系的网络平台，也包括处于行为主体本身的网络运营者，在民事责任中体现为经营者地位，在刑事责任中则体现为犯罪主体。根据《刑法修正案（九）》第 286 条之一的规定，应当厘清以下几点。

（1）犯罪主体，《刑法修正案（九）》采用了"网络服务提供者"的概念（笔者认为与"网络运营者"的概念基本可以等同，为保持本书中的一致性，以下继续采取"网络运营者"的提法），既可能是自然人，也可能是单位。

（2）犯罪的主观要件，网络运营者在构成网络犯罪时，往往是其用户实施了犯罪活动，而网络运营者的主观要件可以有两种情况：一是知情、串通，即明知的状态；二是不知情，没有串通。《刑法修正案（九）》第 286 条规定的拒不履行网络安全管理义务罪，主要调整的是后一种情况，主观上是过失的。因此，网络运营者面对违法犯罪行为也是事前并不知情，没

1　《刑法修正案（九）》第 286 条之一：网络服务提供者不履行法律、行政法规规定的信息网络安全管理义务，经监管部门责令采取改正措施而拒不改正，有下列情形之一的，处三年以下有期徒刑、拘役或者管制，并处或者单处罚金：
（一）致使违法信息大量传播的；
（二）致使用户信息泄露，造成严重后果的；
（三）致使刑事案件证据灭失，情节严重的；
（四）有其他严重情节的。
单位犯前款罪的，对单位判处罚金，并对其直接负责的主管人员和其他直接责任人员，依照前款的规定处罚。
有前两款行为，同时构成其他犯罪的，依照处罚较重的规定定罪处罚。

有共同故意的，网络运营者与政府管理部门的目的一致，都是为了防止网络违法犯罪活动的发生。

（3）依据法律、行政法规的规定，网络运营者有网络管理的义务。首要任务就要明确管理义务的来源，否则本罪的处罚范围将无限扩大，丧失罪刑法定的基本原则。这里强调了赋予网络运营者法定义务的，只能是法律和行政法规，要避免网络信息安全管理义务的泛化和扩大解释，尤其是部分司法解释、部门规章，乃至规范性文件，避免不当扩张处罚范围。

（4）需要处理平衡好行政监管与刑事处罚的关系，坚持主客观相统一。网络运营者依照法律承担网络安全管理的义务，对网络犯罪行为虽然事前不知情，但"经监管部门责令采取改正措施"后应当立即采取措施；如果网络运营者在发出通知后"拒不改正"，导致出现危害后果，则构成本条犯罪。如果法律、行政法规没有规定法定义务，或者监管部门没有履行责令改正的行政执法程序或网络运营者根本没有能力做到，而不是拒不执行的，都不构成犯罪。由于我国互联网领域的监管部门较多，国家网信办、工业和信息化部、公安部、金融领域一行三会，以及商务部、国家市场监督管理总局、卫生健康委等各个部门都有执法权，部门间难免出现监管越位或选择性执法等情形。监管部门的执法是否规范会直接影响平台定罪量刑。一是监管部门的主体要合法；二是监管部门责令改正的内容和程序要合法，内容应当限于网络平台法定的信息安全管理责任，避免随意扩权；三是明确监管部门的权力边界，增加监管部门的执法责任，降低网络运营者的从业风险，避免未经"责令改正"而直接被定罪的情形发生。

二、帮助信息网络犯罪活动罪

帮助信息网络犯罪活动罪属于第二类网络运营者的犯罪构成，这里的网络运营者不是犯罪的直接实施主体，明知他人利用平台实施犯罪且采取相应帮助措施，也属于网络平台的刑事责任，是共同犯罪中的帮助犯。网络平台刑事责任 2.0 模型如图 3-8 所示。

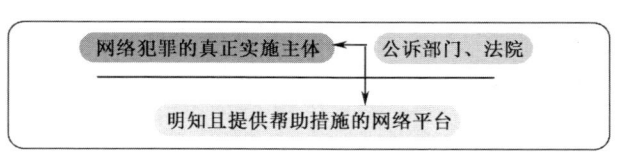

```
┌─────────────────────────────────────────────┐
│   网络犯罪的真正实施主体 ← 公诉部门、法院   │
│              ↓                               │
│      明知且提供帮助措施的网络平台           │
└─────────────────────────────────────────────┘
```

图 3-8　网络平台刑事责任 2.0 模型

对网络技术帮助犯做出特别规定始于 2004 年最高人民法院、最高人民检察院颁布的《关于办理利用互联网、移动通讯终端、声讯台制作、复制、出版、贩卖、传播电子信息刑事案件具体应用法律若干问题的解释》中第 7 条的规定，明知他人实施制作、复制、出版、贩卖、传播淫秽电子信息犯罪，为其提供互联网接入、服务器托管、网络存储空间、通讯传输通道、费用结算等帮助的，以共同犯罪论处。

2005 年最高人民法院、最高人民检察院颁布的《关于办理赌博刑事案件具体应用法律若干问题的解释》第 4 条规定："明知他人实施赌博犯罪活动，而为其提供资金、计算机网络、通讯、费用结算等直接帮助的，以赌博罪的共犯论处。"

2007 年 4 月 5 日最高人民法院、最高人民检察院颁布的《关于办理侵犯知识产权刑事案件具体应用若干问题的解释（二）》第 16 条规定："明知他人实施侵犯知识产权犯罪，而为其……或者提供生产、经营场所或运输、储存、代理进口等便利条件、帮助的，以侵犯知识产权犯罪的共犯论处。"

2010 年，最高人民法院、最高人民检察院再次颁布的《关于办理利用互联网、移动通讯终端、声讯台制作、复制、出版、贩卖、传播电子信息刑事案件具体应用法律若干问题的解释（二）》第 6 条重新做出规定："电信业务经营者、互联网信息服务提供者明知是淫秽网站，为其提供互联网接入、服务器托管、网络存储空间、通讯传输通道、代收费等服务，并收取服务费，具有下列情形之一的……以传播淫秽物品牟利罪定罪处罚。"

2015 年《刑法修正案（九）》新增帮助网络犯罪活动罪作为第 287 条之二。此条款是否属于帮助行为正犯化还是帮助行为独立化，学界有不同主张。有的学者认为是帮助犯量刑的正犯化，也就是说，帮助犯没有被正犯化，只是分则条文对其规定了独立的量刑，而不再适用刑法总则关于对帮助犯的处罚规定的情形[20]。

根据《刑法修正案（九）》第287条之二，对这项犯罪应分清以下几点。

（1）犯罪主观态度是明知，这是网络运营者承担刑事责任的关键。在相关司法解释中，对"明知"给出过认定标准。例如，2010年《关于办理网络赌博犯罪案件使用法律若干问题的意见》中规定，关于网上开设赌场共同犯罪的认定和处罚中，对行为人的"明知"，规定如下标准："（一）收到行政主管机关书面等方式的告知后，仍然实施上述行为的；（二）为赌博网站提供互联网接入、服务器托管、网络存储空间、通讯传输通道、投放广告、软件开发、技术支持、资金支付结算等服务，收取服务费明显异常的；（三）在执法人员调查时，通过销毁、修改数据、账本等方式故意规避调查或者向犯罪嫌疑人通风报信的；（四）其他有证据证明行为人明知的。"在认定网络平台的帮助犯构成时，也可以参考以上标准来判断。

（2）在客观上给他人提供了互联网接入、服务器托管、网络存储、通信传输等技术帮助，便利了犯罪实施，或者提供了广告推广和支付结算，这些帮助行为可以使网络犯罪形成"社会化分工"，有利于提高犯罪效率，增强逃避打击的能力，因此做出专门规定。

（3）在提供技术支持和帮助的过程中，可以包括两种形态，即作为和不作为。作为形态的技术支持具有主动性，如提供广告推广等；但更多的情况是网络运营者处于技术服务的中立地位，如为他人提供互联网接入、服务器托管、网络存储、通信传输等。如果所谓的中立技术被用于实施犯罪，而技术提供者对此明知，且客观上有能力使侵害结果避免发生的，若对相应犯罪予以放任则构成不作为的帮助犯。例如，在网络直播平台上，如果平台方对传播淫秽色情等相关信息内容明知而不作为，那么相关平台有可能被追究刑事责任。《互联网信息服务管理办法》《网络出版服务管理规定》规定，平台对于色情淫秽等非法信息负有"停止传输，及时报告，保留证据"等作为义务，在符合《刑法》规定的情形下，有可能成立不作为型犯罪。

2016 年通过的《网络安全法》第 27 条也规定了构成网络平台帮助犯的情形,"任何个人和组织……明知他人从事危害网络安全的活动的,不得为其提供技术支持、广告推广、支付结算等帮助。"

三、网络运营者的正犯形态

网络运营者的正犯形态是指网络运营者已经不再是提供中介服务的双边平台,而是直接从事犯罪活动的直接主体。此时,按照此前所界定的"网络平台"仅指中介服务的范围,网络运营者的正犯已经超出了网络平台的刑事责任研究范围。网络平台刑事责任 3.0 模型如图 3-9 所示。

以 P2P 平台为例,P2P 原本为借贷双方提供网络中介服务,是典型的双边市场。作为纯粹的网络中介服务平台,往往不会涉嫌犯罪。但如果超出中介服务的范围,设立资金池开展自融资业务,或者虚构用资目的汇聚资金形成资金池,则有可能触犯非法吸收公共存款罪或非法集资罪。

网络运营者即网络犯罪的真正实施主体 ← 公诉部门、法院

图 3-9 网络平台刑事责任 3.0 模型

2013 年 11 月 25 日,由银监会牵头的九部委处置非法集资部际联席会议上,央行对"以开展 P2P 网络借贷业务为名实施非法集资行为"做了较为清晰的界定。

第一类为当前相当普遍的理财-资金池模式,即一些 P2P 网络借贷平台通过将借款需求设计成理财产品出售给放贷人,或者先归集资金、再寻找借款对象等方式,使放贷人资金进入平台的中间账户,产生资金池。在此类模式下,平台涉嫌非法吸收公众存款。

第二类,不合格借款人导致的非法集资风险,即一些 P2P 网络借贷平台经营者未尽到借款人身份真实性核查义务，未能及时发现甚至默许借款人在平台上以多个虚假借款人的名义发布大量虚假借款信息（又称为借款标），向不特定多数人募集资金，用于投资房地产、股票、债券、期货等市场，有的直接将非法募集的资金高利贷出赚取利差，这些借款人的行为涉嫌非法吸收公众存款。

第三类是典型的庞氏骗局，即个别 P2P 网络借贷平台经营者，发布虚假的高利借款标募集资金，并采用在前期借新贷还旧贷的庞氏骗局模式，短期内募集大量资金后用于自己生产经营，有的经营者甚至卷款潜逃。此类模式涉嫌非法吸收公众存款和集资诈骗[21]。

因此对 P2P 平台而言，构成刑事犯罪可能有以下几种情况。

（1）犯罪正犯，如上文所述，P2P 平台本身就是犯罪主体。

（2）帮助犯，P2P 平台明知他人利用其从事犯罪活动。例如，某些网络集资平台的责任人没有对借款人的身份和资信能力进行相应审核义务，默许借款人在平台上实施非法吸收公众存款犯罪活动，那么 P2P 平台有可能构成共同犯罪。

四、犯罪预备行为的独立入罪

除上述 3 种情况之外，《刑法修正案（九）》第 287 条之一还新增了"非法利用信息网络罪"，将那些尚处于预备阶段的网络犯罪行为也独立入罪处罚，规定"利用信息网络实施下列行为之一，情节严重的，处三年以下有期徒刑或者拘役，并处或者单处罚金：（一）设立用于实施诈骗、传授犯罪方法、制作或者销售违禁物品、管制物品等违法犯罪活动的网站、通讯群组的；（二）发布有关制作或者销售毒品、枪支、淫秽物品等违禁物品、管制物品或者其他违法犯罪信息的；（三）为实施诈骗等违法犯罪活动发布信息的。"第（2）款规定："单位犯前款罪的，对单位判处罚金，并对其直接负责的主管人员和其他直接责任人员，依照第一款的规定处罚。"

这一罪名是将尚处于预备阶段的行为实刑化，使得《刑法》规制的环节前移，希望通过事先打击有效防控网络风险。

在上述 4 种情况下，立法技术相同，都采取了几乎相同的描述，"单位犯前款罪的，对单位判处罚金，并对其直接负责的主管人员和其他直接责任人员，依照第一款的规定处罚。"因此在几个罪名下，都可能有自然人犯罪和单位犯罪两种情况，对单位犯罪会处罚直接负责的主管人员和其他直接责任人员。

第四章

网络平台的行政责任研究

第一节 网络平台行政责任的立法演变及特点

一、中国互联网治理的认知演变

网络平台行政责任立法的核心和起源,是针对网络各类违法信息的发现、处理。从1994年中国正式接入国际互联网以来,随着对互联网功能性质的认识、理解和深入,中国互联网内容管理体制历经几次重大调整,对网络信息的处置思路也至关重要。

(一)1987—1996年,定位"信息通道",由科技和信息基础设施建设部门管理

1987年9月20日,中国成功发出了第一封电子邮件"Across the Great Wall we can reach every corner in the world."这是中国第一次联网国际计算机网络。1994年4月20日,在中国科学院副院长胡启恒等前辈的不懈努力下,中关村地区教育与科研示范网络工程最终连入Internet,实现了与全球Internet的全功能连接,中国被国际上正式承认为真正拥有全功能Internet的国家。此事被中国新闻界评为1994年中国十大科技新闻之一,被《国家统计公报》列为中国1994年重大科技成就之一。

1994年6月8日，国务院办公厅发布《关于"三金工程"有关问题的通知》（国办发明电〔1994〕18号）。1994年8月，中国教育和科研计算机网（CERNET）正式立项。1994年9月，中国与美国商务部签订中美双方关于国际互联网的协议，中国公用计算机互联网（CHINANET）的建设开始启动。1994年11月，亚太网络工作组（APNG）年会在清华大学召开，这是国际互联网界在中国召开的第一次亚太地区年会。1996年1月13日，国务院信息化工作领导小组及其办公室正式成立，国务院副总理邹家华任领导小组组长。

这一时期互联网作为最前沿的科技产品主要以学术研究为主，中国科学院主持承担着与国际互联网组织和各个国内院校之间的网络连接工作。清华大学、北京大学等一些高等院校，特别是清华大学对建立实验性网络和参与一些国际相关会议的工作起到重要的组织协调作用。我国政府部门中的原电子工业部和原邮电部在国际互联网的基础性设施方面承担管理责任，原邮电部的中国电信则负责中国互联网和国际互联网之间的国际协定和开通国际互联干线。

（二）1997—1999年，定位"外宣平台"，由对外宣传部门负责管理

1997年3月，国务院新闻办公室利用互联网开展对外宣传问题下发文件，第一次明确规定国务院新闻办公室为互联网媒体的主管单位，并制定相应规范制度，指出网络外宣工作的基本方针是"积极支持、促进发展、宏观指导、归口管理"。这一方针显示中国政府将互联网视为对外宣传工具和平台，统一归入外宣部门管理。

1999年10月16日，中共中央办公厅转发《中央宣传部、中央对外宣传办公室关于加强国际互联网络新闻宣传工作的意见》（中办发〔1999〕33号）。这是中共中央关于网络新闻宣传工作的第一个指导性文件，其明确了今后网络新闻宣传工作发展的方向。

（三）2000—2003 年，定位"信息网络化"，由国务院信息化工作办公室负责

2000 年，中国的三大门户网站，即新浪、搜狐、网易先后在美国纳斯达克上市，掀起了中国互联网企业海外上市热潮。2002 年，中国互联网迎来第二次高潮，网络逐步渗入各行各业，各管理部门将现实行政职责对照延伸至网上，形成多头管理格局。

2000 年 4 月，国务院新闻办公室网络新闻管理局成立，随后各省、自治区、直辖市的外宣办、宣传部相继成立网络管理机构，标志着网络新闻传播管理体制初步建立。2000 年 11 月 7 日，国务院新闻办公室与信息产业部联合下发第一个专门规定互联网新闻传播的部门规章——《互联网站从事登载新闻业务管理暂行规定》。

2001 年，中国设立国务院信息化工作办公室及国家信息化领导小组，负责审议国家信息化的发展战略、宏观规划，以及有关规章、草案和重大的决策，负责综合协调信息化和信息安全的工作。

2001 年 7 月 11 日，中央政治局举办法制讲座，内容是运用法律手段保障和促进信息网络健康发展，并且明确指出，"对信息网络化的基本方针是积极发展，加强管理，趋利避害，为我所用，努力在全球信息网络化的发展中占据主动地位。"

2002 年，中共中央办公厅、国务院办公厅联合下发《关于进一步加强互联网新闻宣传和信息内容安全管理工作的意见》（中办发〔2002〕8 号），明确指出加强互联网新闻宣传和信息内容安全的管理是一项长期、艰巨、复杂的任务，各级党委政府要切实认真贯彻落实"积极发展，加强管理，趋利避害，为我所用"的基本方针，统一思想，提高认识，抓住机遇，尽快做大做强重点新闻网站，增强吸引力、影响力和竞争力。这一方针延续了对互联网的工具主义和实用主义思维，因此要"趋利避害，为我所用"。这一文件确立了我国互联网"多头管理"的基本格局。此后，互联网相关政府管理部门经常会通过联合专项行动对在线内容进行清理和管制。例如，2002 年 6 月，北京市政府新闻办、北京市通信管理局、北京市公安局针对北京市 10 个综合性网站进行了突击检查，对网上出现的造谣、诽谤、颠覆

国家政权，以及色情淫秽、封建迷信和赌博等信息进行了检查，对有害信息较多的栏目和网站进行了停机整顿和行政处罚。又如，2004年7月，中宣部、公安部、最高人民法院、最高人民检察院、信息产业部等14个部门联合发布《关于依法开展打击淫秽色情网站专项行动有关工作的通知》，启动了全国打击淫秽色情网站专项行动。

（四）2004—2006年，定位"新兴媒体"，16部委共同建立"全国互联网站管理工作协调小组"

2004年9月19日，中国共产党十六届四中全会通过的《中共中央关于加强党的执政能力建设的决定》指出："高度重视互联网等新型传媒对社会舆论的影响，加快建立法律规范、行政监管、行业自律、技术保障相结合的管理体制，加强互联网宣传队伍建设，形成网上正面舆论的强势。"2004年11月，中共中央办公厅、国务院办公厅联合下发《关于进一步加强互联网管理的意见》（中办发〔2004〕32号），再次强调要研究互联网发展规律，促进互联网"更好更快地发展"，形成"法律规范、行政监管、行业自律、技术保障"的互联网管理体制。这一方针标志着中国互联网管理思路发生根本变革，将互联网纳入媒体管理范畴，强调行政管理的法律化、规范化、制度化的同时，在管理部门之外开始注重行业组织和网站自身的"行业自律"作用，将"党管媒体"思路延伸至互联网领域，并辅之以媒体自律手段。从此，"自律"与"他律"成为互联网管理的两翼。

在这一方针指引下，2004年10月26日，全国第一家地方性行业自律组织——北京网络媒体协会（现首都互联网协会，2012年7月更名）成立，并开始探索和实践互联网违法和不良信息举报热线、网络监督志愿者、网络新闻评议会、妈妈评审团、网络自律专员五大自律品牌，持续开展了网络媒体大过年、新春祝福短信大赛、网络文化节等文化活动，成为互联网行业自律模式示范的"北京样本"。

为切实做好互联网站管理工作，加强互联网管理部门之间的协调，建立互联网站管理工作长效机制，2006年2月17日，中宣部、信息产业部、国务院新闻办公室、教育部、文化部、卫生部、公安部、国家安全部、商务部、国家广播电影电视总局、新闻出版总署、国家保密局、国家工商行政管理总局、国家食品药品监督管理总局、中国科学院、总参谋部通信部16部委联合下发《互联网站管理协调工作方案》，共同建立"全国互联网站管理工作协调小组"，负责对全国互联网站日常管理工作的协调、指导，各成员单位对互联网站实施齐抓共管。在协调小组统一协调下，互联网行业部门、专项内容主管部门、前置审批部门、公益性互联单位主管部门、企业登记主管部门，应认真落实互联网站管理职责，加强沟通，密切合作，形成管理合力，对网站实施齐抓共管。互联网行业主管部门负责互联网行业管理工作，前置审批部门负责互联网信息服务各自主管服务项目的前置审批，国务院新闻办公室负责互联网上意识形态工作，公安机关负责互联网站安全监督，公益性互联单位主管部门负责对所主管的公益性互联单位进行日常监管。要求"谁主管谁负责"。

（五）2007—2009年，定位"网络文化"，确立宣传文化管理部门的行业主管地位

2007年年初，中国网民达到1.37亿人，首次突破国内总人口比例的10%。2007年1月23日，胡锦涛总书记在中央政治局第38次集体学习时，发表题为"以创新的精神加强网络文化建设和管理"的重要讲话，就加强网络文化建设和管理提出5项要求，其中包括"要坚持依法管理、科学管理、有效管理，综合运用法律、行政、经济、技术、思想教育、行业自律等手段，加快形成依法监管、行业自律、社会监督、规范有序的互联网信息传播秩序，切实维护国家文化信息安全。"

2007年4月，北京市委、市政府办公厅转发了北京市互联网宣传管理领导小组《关于加强北京市网络文化建设的意见》，提出"唱响网上主旋律，创造网络文化发展环境，扎实推进文明办网、文明上网，坚持依法、科学、有效加强网络管理，加强网络文化队伍建设和加强对网络文化建设工作的领导"等7个方面共22条具体措施。

2007年6月1日，中共中央办公厅、国务院办公厅联合下发《关于加强网络文化建设和管理的意见》（中办发〔2007〕16号），正式提出"互联

网等信息网络作为重要的技术平台和信息传播平台，既具备通信功能，也具备媒体功能；既有产业属性，也有意识形态属性。能否积极利用和有效管理互联网等信息网络，能否真正使他们成为传播社会主义先进文化的新途径、公共文化服务的新平台、人们健康精神文化生活的新空间、对外宣传的新渠道，关系到社会主义文化事业和文化产业的健康发展，关系到文化安全和国家长治久安，关系到中国特色社会主义先进文化建设、构建社会主义和谐社会的高度，以积极的态度、创新的精神，大力发展和传播健康向上的网络文化，切实把互联网等信息网络建设好、利用好、管理好。"明确网络文化建设和管理的方针原则之一是，"坚持一手抓建设、一手抓管理。按照社会主义精神文明建设的要求，遵循信息网络的特点和规律，文明办网、依法管网，在建设中加强管理，以管理促发展，谁主管谁负责、谁经营谁负责、谁审批谁监管、谁办网谁管网，实行属地化管理。"

这一方针在政府依法监管外，又引入行业、社会等多方责任主体，要求"行业自律、社会监督"，同时强调政府、行业、社会等各种责任主体间要共存、共行，要"规范有序"，政府的主管责任、审批责任和网站的经营责任、办网责任并重，应当各负其责。

以网络文化角度重新对互联网功能进行定位，明确了互联网的媒体属性和意识形态属性，标志着我国对互联网的高度重视和强化管理，从意识形态管理工作的传统和需要，确立了宣传文化管理部门是网络文化信息服务的行业主管部门，要依照宣传文化工作的方针政策和有关法律法规，统筹网络文化信息服务的产业发展、行业管理、内容建设和安全监管。明确了中央建立网络文化和管理联席会议制度，总体协调网络文化建设和管理，强化了网络文化工作的属地化管理。

2007年10月15日，胡锦涛总书记在党的十七大报告第七部分《推动社会主义文化大发展大繁荣》的第二章《建设和谐文化，培育文明风尚》中提出，"加强网络文化建设和管理，营造良好网络环境。"

（六）2009—2010年，定位"新闻舆论和社会动员平台"，提出"确保安全"方针

2010年1月24日，国务院新闻办公室发言人就中国互联网发展和管理

有关情况接受新华网记者专访时表示,"互联网是20世纪的重大科技发明。中国政府高度重视互联网的建设和发展,始终坚持积极利用、科学发展、依法管理、确保安全的基本方针。"这是我国互联网管理方针中首次提出"确保安全"概念。

2010年6月8日,国务院新闻办公室发表《中国互联网状况》白皮书,明确提出,"建设好、利用好、管理好互联网,关系国家经济繁荣和发展,关系国家安全与社会和谐,关系国家主权、尊严和人民根本利益。积极利用、科学发展、依法管理、确保安全是中国政府的基本互联网政策。中国政府始终坚持依法管理互联网,致力于营造健康和谐的互联网环境,构建更加可信、更加有用、更加有益于经济社会发展的互联网。中国政府将不断完善互联网发展与管理政策,使其更加符合互联网发展与管理的内在规律及客观需要。"

2010年年底波及北非、西亚的阿拉伯之春、茉莉花革命,使人们再次见识到微博等社会化媒体强大的组织动员功能。网络发达国家利用互联网对外进行意识形态输出、组织策划政治事件,成为所有网络弱势国家需要面对的共同挑战。网络安全、网络主权已经成为国家安全、国家主权的重要组成部分。

2010年8月11日,中共中央办公厅、国务院办公厅下发的《关于加强和改进互联网管理工作的意见》(中办发〔2010〕24号)明确提出,"加强网站准入管理。将论坛、博客、搜索引擎等具有新闻舆论和社会动员功能的互联网、手机等新兴媒体业务纳入专项许可范围。""逐步推进网络实名制。"对互联网的管理切入点是网络身份管理,以实名制为抓手,加强对网络空间舆论秩序的管理。

(七)2011年后,定位"网络社会",互联网进入社会综合管理阶段

2011年后,微博用户数量激增,渗透至社会政治、经济、民生,影响人们工作、生活、娱乐、商务等方方面面,网络构成了我们社会新的社会形态,是支配和改变我们社会的源泉,"网络社会"概念被不断强化。网络社会管理被视为现代社会管理的重要组成部分。

2011年2月19日，胡锦涛总书记在省部级主要领导干部社会管理及其创新专题研讨班发表重要讲话，指出当前要重点抓好的八点工作意见，其中第七点是"进一步加强和完善信息网络管理，提高对虚拟社会的管理水平，健全网上舆论引导机制"。

2011年5月4日，国家互联网信息办公室正式挂牌成立。该机构负责人接受记者采访时说，"切实把互联网建设好、利用好、管理好，是党和政府一以贯之的明确要求。国家互联网信息办公室的设立，是贯彻中央部署要求的一项重要举措，有利于进一步加强互联网建设、发展和管理，有利于加强统筹协调，形成并完善法律规范、行政监管、行业自律、技术保障、公众监督和社会教育相结合的互联网管理体系，提高对网络虚拟社会的管理水平。"国家互联网信息办公室的"主要职责包括落实互联网信息传播方针政策和推动互联网信息传播法制建设，指导、协调、督促有关部门加强互联网信息内容管理，依法查处违法违规网站等"。国家互联网信息办公室成立后，将我国分散在多个部门的管理职责进行集中，形成以3个部门为主的局面，即国家互联网信息办公室主管互联网信息内容，工业和信息化部主管行业发展，公安部负责打击网络违法犯罪。通过一定程度的整合，统一了管理权限和部门，更加有利于统筹协调，对互联网的信息管理也更加合理有效，但从长远来看，互联网信息传播的法制建设才是根本之策。

2011年9月，中央社会治安综合治理委员会更名为中央社会管理综合治理委员会，被赋予协调和指导社会管理工作的重要职能，预示社会综合治理由过去强调社会控制向更多元管理的转变，更加注重社会的协调，以及背后的多元化利益诉求。

2011年11月8日，《中共中央办公厅、国务院办公厅转发〈国家互联网信息办公室、工业和信息化部、公安部关于加强微博客管理工作的意见〉的通知》（中办发〔2011〕36号文件）明确规定，要形成党委统一领导、政府严格管理、企业依法运营、行业加强自律、全社会共同监督的互联网管理格局。认真落实谁主管谁负责、谁审批谁监管、谁接入谁负责的要求，切实履行对属地内网站的管理责任。此外，还要强化微博客网站自律机制建设,加强行业自律、企业自律,加强社会监督,畅通网民监督举报渠道,健全相关举报奖励办法,督促微博客网站设置不良信息曝光专区,采取多种方式在微博客用户中广泛开展互联网法制教育、道德教育、诚信教育,引导微博客用户依法文明上网。

2012年11月8日,胡锦涛总书记在十八大报告中提出,"加强和改进网络内容建设,唱响网上主旋律。加强网络社会管理,推进网络规范有序运行。"2012年12月14日,习近平总书记在视察腾讯公司时谈到了互联网在社会管理方面的作用,提出"现在人类已进入互联网时代这样一个历史阶段,这是一个世界潮流,而且这个互联网时代对人类的生活生产、生产力的发展都具有很大的进步推动作用。"

2014年2月,中央网络安全和信息化领导小组成立,习近平总书记任组长,强调"没有网络安全就没有国家安全,没有信息化就没有现代化"。这预示着我国互联网管理体制机制将发生重大变化,加强顶层设计、统筹管理、统一谋划、统一部署、统一实施是未来的总体思路。李克强总理在两会工作报告中强调,"在加强法治的同时,实行多元主体共同治理方式"。至此,中国将网络社会纳入了实体社会的管理体系,从创新社会管理、保障国家安全角度,将治理主体扩大到党委、政府、企业、行业、社会,要求法治、自治、自律、他律、互律协同作用,形成多元管理局面。除按照传统的自上而下层级结构建立纵向的权力线之外,还必须依靠各种合作伙伴建立横向的行动线。这是新历史时期政府开放、自信的体现。

(八)强化主体责任,把互联网管理与国家治理相关联

2016年4月19日,习近平总书记在网络安全和信息化工作座谈会上强调,"各级党政机关和领导干部要学会通过网络走群众路线……善于运用网络了解民意、开展工作,是新形势下领导干部做好工作的基本功。[24]"把对网络的治理能力及网络安全和信息化工作提高到前所未有的高度,与国家治理能力联系到一起。

二、网络平台行政责任立法的历史阶段

回顾历史，网络平台行政责任的立法演变可分为以下 3 个阶段。

（一）初始阶段（1996—2000 年）

我国互联网专门立法始于 1996 年《中华人民共和国计算机信息网络国际联网管理暂行规定》（国务院令第 195 号，1997 年 5 月 20 日修正）。1998 年《中华人民共和国计算机信息网络国际联网管理暂行规定实施办法》中就出现了平台行政义务的规定，要求"互联单位、接入单位和用户应当遵守国家有关法律……不得制作、查阅复制和传播妨碍社会治安和淫秽色情等有害信息……采取措施，不得使其扩散。[1]"

2000 年，《互联网信息服务管理办法》（国务院令第 292 号）对于平台的行政责任做出进一步规定，采用了列举的方式，要求互联网信息服务提供者履行对于利用其网站传输的明显属于违反"九不准"内容信息的发现、停止传输、保存及报告义务[2]。《互联网信息服务管理办法》（国务院令第 292 号）是网络信息内容平台在从事互联网信息内容服务、制作和传播过程中应当遵守的第一个"基本法"。此后若干互联网领域各个部门规章中涉及不得传播的内容的规定，都可以追溯至此。

2000 年年底，全国人民代表大会常务委员会发布《关于维护互联网安全的决定》，要求从事互联网业务的单位履行对于网络违法犯罪行为和有害

---

[1]《中华人民共和国计算机信息网络国际联网管理暂行规定实施办法》第 20 条规定："互联单位、接入单位和用户应当遵守国家有关法律、行政法规，严格执行国家安全保密制度；不得利用国际联网从事危害国家安全、泄露国家秘密等违法犯罪活动，不得制作、查阅、复制和传播妨碍社会治安和淫秽色情等有害信息；发现有害信息应当及时向有关主管部门报告，并采取有效措施，不得使其扩散。"

[2]《互联网信息服务管理办法》第 16 条规定："互联网信息服务提供者发现其网站传输的信息明显属于本办法第 15 条所列内容之一的，应当立即停止传输，保存有关记录，并向国家有关机关报告。"

信息的发现采取措施、停止传输及报告义务[1]。平台行政责任立法初见端倪。

（二）兴起阶段（2000—2009年）

2000年，中国的三大门户网站新浪、搜狐、网易先后在纳斯达克上市。中国互联网迅速走出寒冬，爆发蓬勃生机，网络逐步渗入各行各业，各管理部门将现实行政职责对照延伸至网上，形成"九龙治水、多头管理"格局[23]。

2004年11月，中共中央办公厅、国务院办公厅联合下发《关于进一步加强互联网管理的意见》（中办发〔2004〕32号），再次强调要研究互联网发展规律，促进互联网"更好更快地发展"，形成"法律规范、行政监管、行业自律、技术保障"的互联网管理体制[24]。

2006年2月17日，为切实做好互联网站管理工作，加强互联网管理部门之间协调，建立互联网站管理工作长效机制，中央宣传部、信息产业部、国务院新闻办公室、教育部、文化部、卫生部、公安部、国家安全部、商务部、国家广播电影电视总局、新闻出版总署、国家保密局、国家工商行政管理总局、国家食品药品监督管理总局、中国科学院、总参谋部通信部16部委联合下发《互联网站管理协调工作方案》，共同建立"全国互联网站管理工作协调小组"，负责对全国互联网站日常管理工作的协调、指导，各成员单位对互联网站实施齐抓共管。全国协调小组办公室设立在信息产业部，负责小组各成员单位间沟通协调工作，负责定期召集联席会议，建立日常工作协调和信息沟通渠道。另外，在协调小组统一协调下，分配了各部门的职责，并要求"谁主管谁负责"。

在"谁主管谁负责"的思路下，多个部委从各自管理体制、管理职责角度出发，从线下延伸到线上，部委规章层级的互联网立法形成第一个小高潮。

例如，2000年11月6日，信息产业部发布《互联网电子公告服务管理规定》（信息产业部令第3号，已经失效）；2002年6月，新闻出版总署发

---

1 《全国人大常委会关于维护互联网安全的决定》第7条规定："从事互联网业务的单位要依法开展活动，发现互联网上出现违法犯罪行为和有害信息时，要采取措施，停止传输有害信息，并及时向有关机关报告。任何单位和个人在利用互联网时，都要遵纪守法，抵制各种违法犯罪行为和有害信息。"

布《互联网出版管理暂行规定》（新闻出版总署、信息产业部令第 17 号，已经失效）；2004 年 7 月，国家食品药品监督管理总局发布的《互联网药品信息服务管理办法》（国家食品药品监督管理总局令第 9 号）；2005 年 4 月，国家版权局发布《互联网著作权行政保护办法》（国家版权局、信息产业部令 2005 年第 5 号）；2005 年 9 月，国务院新闻办发布的《互联网新闻信息服务管理规定》（国务院新闻办、信息产业部令第 37 号）；2007 年，商务部发布的《关于网上交易的指导意见（暂行）》（商务部公告 2007 年第 19 号）；2009 年 3 月工业和信息化部发布的《电信业务经营许可管理办法》（工业和信息化部令第 5 号）；2009 年 4 月发布的《外国机构在中国境内提供金融信息服务管理规定》（国务院新闻办公室、商务部、国家工商行政管理总局令第 7 号）；2009 年 5 月卫生部发布的《互联网医疗保健信息服务管理办法》（卫生部令第 66 号，已经失效），等等。各个管理部门几乎都出台了一部与互联网相关的部门规章，设置了至少一项与互联网相关的行政许可。

（三）爆发阶段（2009 年至今）

近年来世界范围内的暴力事件等让人们见识到了社交媒体强大的组织动员能力。2010 年 8 月 11 日，中共中央办公厅、国务院办公厅下发的《关于加强和改进互联网管理工作的意见》（中办发〔2010〕24 号）明确提出，"加强网站准入管理。将论坛、博客、搜索引擎等具有新闻舆论和社会动员功能的互联网、手机等新兴媒体业务纳入专项许可范围。""逐步推进网络实名制。"对互联网的管理切入点是网络身份管理，以实名制为抓手，加强对网络空间舆论秩序的管理。

从 2009 年开始，关于平台行政义务及实名注册的立法规定数量越来越多。这一阶段还呈现出在互联网各细分领域新增大量相关立法的特点，这与我国互联网产业在垂直细分领域纵深发展相一致。

例如，在网络交易服务领域，参照 2007 年商务部发布的《关于网上交易的指导意见（暂行）》，商务部 2008 年先后出台了《网络交易服务规范》和《电子商务模式规范》；2011 年又专门出台了《第三方电子商务交易平台服务规范》，再结合 2010 年国家工商总局出台的《网络商品交易及有关服务行为管理暂行办法》（已废止）、2014 年出台的《网络交易管理办法》和

《电子商务法》，最终形成了关于第三方交易平台经营者的完整义务体系。

又如，在网络内容产业领域，从 2010 年开始，国家新闻出版广电总局和文化部陆续出台了系列部门规章和规范性文件，对于包括为网络出版物和网络文化产品提供平台服务在内的所有经营者的行政义务做了具体规定。

总体来看，管理部门在对互联网各相关领域进行监管时，基本秉持了"以网管网"的网络监管思路，以平台为抓手，通过立法为平台设定大量行政义务，转移让渡部分行政管理职权，借助网络平台实现网络监管的目的。

三、网络平台行政责任的特点

网络平台行政责任，结合近年来我国互联网领域相关立法，可以初步看出其中思路，基本是指行政机关将本应由其履行的行政管理职责，以立法形式部分"让渡"给网络平台。其主要具有以下几个特征。

（1）行政机关是最初的权力主体。

现行关于平台行政义务的规定，最显著的特征就是这些义务规定的具体内容本身应属于行政机关的天然职权范围，理应由相应行政机关来行使，出于监管需要转移给了平台。以现行立法中大量存在的平台要履行网络违法信息发现及停止传输、保存、报告等附随义务为例，上述义务关系到用户的表达自由等核心权利，是有权行政机关行使网络监管职权的重要内容。

（2）行政机关进行了权力"让渡"。

平台行政义务的具体内容属于行政机关天然职责范畴，但行政机关出于管理的便利，将管理职责让渡给网络平台。例如，《食品安全法》第 62 条第（2）款规定，"网络食品交易第三方平台提供者发现入网食品经营者有违反本法规定行为的，应当及时制止并立即报告所在地县级人民政府食品药品监督管理部门；发现严重违法行为的，应当立即停止提供网络交易平台服务。"又如，《网络安全法》第 47 条规定，"网络运营者应当加强对其用户发布的信息的管理，发现法律、行政法规禁止发布或者传输的信息的，应当立即停止传输该信息，采取消除等处置措施，防止信息扩散，保存有关记录，并向有关主管部门报告。"这里对违法信息的认定、制止原本属于行政机关的管理职责。

（3）"让渡"后具有"准行政权力"属性。

我们对现行法律进行了统计，涉及"制止"的法律共 103 部、189 处，其中，行政机关作为"制止"实施者的有 135 处，作为私人主体的有 54 处，"制止"带有鲜明的行政职权色彩。行政机关依法行使权力，并履行相应职责。但行政机关通过立法将上述职责以义务形式全部或部分"让渡"给平台，从权力角度看，这意味着平台行政义务最起码具备了某种"准行政权力"属性。也就是说，平台既是对应的义务主体，也是某种"准行政权力"的行使主体。

有学者把这种权力称为"私权力"，认为"网络空间中不同类型的服务之间是分层的，可能存在一种服务支配另一种服务的情形。由于技术架构的原因，在网络空间中比较特殊的是，打破这种既有均衡凭借的不再简单是传统的社会资源和经济资源，更多借助的是平台架构等优势资源。一方具有相对另一方和另外几方的优势地位，一方具有主动打破既有均衡的机会、能力或资源——网络安全服务的背后是技术架构上的优势，微软黑屏背后是其技术能力，《淘宝规则》背后是其平台资源。"文献［25］认为这种私主体设立的管理规范权力很大，平台上的其他用户，只有"要么接受、要么退出"，因而"私权力"建立在"私主体对开放平台的控制上。"

应当看到的是，尽管网络平台相对于另外几方有一定的优势，但这种优势是在市场充分竞争条件下自然形成的。"私权力"使用了"权力"而非"权利"一词，似乎将网络平台获得"权力"的过程描述得过于主动。

但在实践中还要一分为二来看。一方面，在市场竞争中，生态链中的上游企业，尤其是网络平台型企业，以及开放和中立的上游企业更容易对整个生态链形成正向带动作用，如中国移动曾经推出的移动梦网，以及现在各个网络平台都在实践的开放平台。如果上游企业规则不明、肆意滥用自身优势，就会给整个产业带来巨大破坏，典型案例如 3Q 大战、3B 大战等[28]。但这里还不是笔者讨论的网络平台的法律责任。另一方面，网络平台企业因部分行政管理权力的转移和让渡，"被动"承担了对其他主体的管理、监督权限，被动具有了"权力"的色彩。这才是本书想探讨的问题所在。

（4）平台的行政责任与平台上用户的权益密切相关。

在互联网监管中，行政机关是天然的监管主体，平台及用户则是监管的对象。由于信息、技术的局限，行政机关可能难以实现对平台上用户的直接监管，而需要借助平台的力量，由平台来履行监管职责，即所谓的"政府管平台，平台管用户"。因此，从表面上看，平台是法定的义务主体，但究其实质而言，用户也是这些规定的承受主体之一，平台的行政责任条款与平台、用户权益息息相关。

（5）一部分网络综合性平台已经介入传统的重监管领域，承担更为严格的行政责任。

例如，城市出租车运营、互联网时政新闻服务、网络出版服务及金融服务等领域，因为已经涉及更多社会大众的人身权益和财产权益，以及社会公共秩序的健康发展，并已进入公共领域，所以需要国家有公权力的部门管理介入，既要事前设置更加严格的行政许可门槛，也要承担更重的网络平台责任。

例如，2016年7月28日交通运输部发布的《网络预约出租汽车经营服务管理暂行办法》，规制的平台是"网约车平台公司"。第2条规定，"本办法所称网络预约出租汽车经营者（以下简称网约车平台公司），是指构建网络服务平台、从事网约车经营服务的企业法人。"第二章规定了"网约车平台公司"从事网约车经营应当满足的行政许可条件，应当取得《网络预约出租汽车经营许可证》，并向企业注册地省级通信主管部门申请互联网信息服务备案，方可开展相关业务。从事网约车经营的车辆，在满足相应条件后，经服务所在地的出租汽车行政主管部门审核后，发放《网络预约出租汽车运输证》。对从事网约车服务的驾驶员，在满足相应条件后，由服务所在地设区的市级出租汽车行政主管部门根据驾驶员或者网约车平台公司申请，发放《网络预约出租汽车驾驶员证》。《网络预约出租汽车经营服务管理暂行办法》明确了网约车平台公司、驾驶员及车辆三证都必须齐全。此外，第10条规定，网约车平台公司涉及经营电信业务的，还应当符合电信管理的相关规定。网约车平台公司应当自网络正式开通之日起30日内，到网约车平台公司管理运营机构所在地的省级人民政府公安机关指定的受理机关办理备案手续。第 16 条明确规定，"网约车平台公司承担承运人责任，应当保证运营安全，保障乘客合法权益。"第 21 条规定，"网约车平台公司不得妨碍市场公平竞争，不得侵害乘客合法权益和社会公共利益。"

又如，在 P2P 网贷行业，2016 年 8 月 24 日银监会、公安部、工业和信息化部、国家网信办共同颁布的《网络借贷信息中介机构业务活动管理暂行办法》规制的平台是"网络借贷信息中介机构"。第 2 条明确，"网络借贷是指个体和个体之间通过互联网平台实现的直接借贷。个体包括自然人、法人及其他组织。网络借贷信息中介机构是指依法设立，专门从事网络借贷信息中介业务的金融信息中介公司。该类机构以互联网为主要渠道，为借款人与出借人（贷款人）实现直接借贷提供信息搜集、信息公布、资信评估、信息交互、借贷撮合等服务。"要求网络借贷信息中介机构要按照依法、诚信、自觉、自愿、公平的原则为借款人和出借人提供信息服务，维护出借人与借款人合法权益，不得提供增信服务，不得直接或间接归集资金，不得非法集资，不得损害国家利益和社会公共利益。第 5 条规定，网络借贷信息中介机构应当在领取营业执照后 10 个工作日内向工商登记注册地的相关金融监管部门备案登记。在备案登记后，还要按照通信主管部门的相关规定申请相应的电信业务经营许可，否则不得开展网络接待信息中介业务。在法律责任方面，第 40 条规定，网络借贷信息中介机构违反法律法规和网络借贷有关监管规定，要予以行政处罚，构成犯罪的依法追究刑事责任。

通过以上两个领域的立法，我们可以看出，网络综合性平台涉足传统重监管领域后，其法律责任方面与前文提到的网络信息服务平台、网络商品服务交易平台相比，呈现以下新特点。

（1）网络综合性平台具有经济外部性。网络综合性平台从事的业务不再限于网络线上业务，已经与社会大众的人身权益、财产权益密切相关，涉及了社会公共利益和社会公共秩序，具有了社会外部性。

（2）需要线上线下机构双重审批许可。普通的互联网公司，一般只需要线上业务的行政许可，如《互联网新闻信息服务许可证》《网络视听节目许可证》等。但当网络综合性平台进入传统重监管领域后，事前的行政准入门槛增设了较高条件，还需要传统线下的行业行政主管部门和线上网络电信运营主管部门的双重许可。例如，网约车平台公司除了互联网经营许可，需要出租汽车行政主管部门的行政许可，还需要在企业注册地省级通信主管部门、省级人民政府公安机关指定的受理机关办理备案手续；网络借贷信息中介机构在领取营业执照后，要到工商登记注册地的相关金融监管部门、通信主管部门办理备案登记。

（3）在网络综合性平台的定位上，有时承认网络平台的中介作用，如网络借贷信息中介机构；有时略去网络平台的中介地位，将网络平台定位为直接提供服务的主体一方，要求其承担主体责任，而非第三方网络平台责任。例如，将网约车平台公司的法律地位直接定位为"承运人"，要求其必须站在承运人角度，保证运营安全，保障乘客合法权益，赋予更为严格的法律义务。

（4）在事后的法律责任上更为严格。对相对人造成损失的，要承担民事责任；违反有关法律法规的，相关管理部门要进行行政处罚；涉嫌犯罪的，要依法追究刑事责任。

第二节 网络平台的行政法律责任

一、不参与经营活动的网络平台行政责任

根据此前按照利益相关性原则对网络平台类型化的划分，第一类网络平台仅提供技术措施，不参与经营，是指仅作为网络基础设施，为生产关系中的各方提供技术条件、技术措施，类似互联网的水和电，不参加网络内容制作、不参与广告收益分成等活动。这类平台以用户上传内容的UGC类聚合平台为主，如博客、论坛、公众号、朋友圈、网盘、云盘等。

在这个研究框架下，真正的互联网内容提供者、管理部门与只提供技术、不参与经营活动（不提供网络内容）的网络平台，形成了网络平台行

政责任 1.0 模型，如图 4-1 所示。

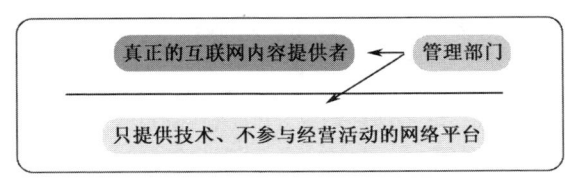

图 4-1　网络平台行政责任 1.0 模型

（一）网络信息传播权领域

我们仍然以网络信息传播权保护为例进行分析。在这种情形下，真正的互联网内容提供者与只提供技术、不参与经营活动的网络平台应当承担的行政责任是不同的，如图 4-2 所示。

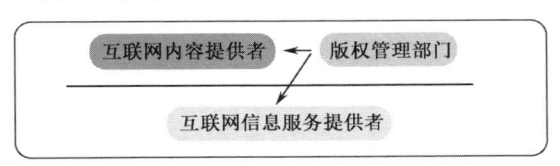

图 4-2　网络平台行政责任 1.0 模型在网络信息传播权领域的适用

在民事领域，只提供技术的网络平台一般不承担侵权赔偿责任，只在"明知或应知"有主观过错的情况下承担共同侵权的连带责任。但在行政责任领域，根据 2005 年 4 月 29 日国家版权局、信息产业部发布的《互联网著作权行政保护办法》，对于如图 4-2 所示横线上方的"真正的互联网内容提供者"，第 2 条第（3）款表述为"互联网内容提供者"，是指在互联网上发布相关内容的上网用户；对横线下方的"只提供技术的网络平台"，第 11 条表述为"互联网信息服务提供者"，根据第 2 条第（1）款表述，是指"根据互联网内容提供者的指令，通过互联网自动提供作品、录音录像制品等内容的上传、存储、链接或搜索等功能，且对存储或传输的内容不进行任何编辑、修改或选择的行为"的主体。

1. 互联网内容提供者的行政责任

《著作权法》《互联网著作权行政保护办法》等主要在于规制和明确互联网内容提供者，不得侵害他人著作权，不得损害公共利益。

（1）《著作权法》第 48 条。

《著作权法》第 48 条列举了侵犯著作权的 8 种行为，包括："（一）未经著作权人许可，复制、发行、表演、放映、广播、汇编、通过信息网络向公众传播其作品的，本法另有规定的除外；（二）出版他人享有专有出版权的图书的；（三）未经表演者许可，复制、发行录有其表演的录音录像制品，或者通过信息网络向公众传播其表演的，本法另有规定的除外；（四）未经录音录像制作者许可，复制、发行、通过信息网络向公众传播其制作的录音录像制品的，本法另有规定的除外；（五）未经许可，播放或者复制广播、电视的，本法另有规定的除外；（六）未经著作权人或者与著作权有关的权利人许可，故意避开或者破坏权利人为其作品、录音录像制品等采取的保护著作权或者与著作权有关的权利的技术措施的，法律、行政法规另有规定的除外；（七）未经著作权人或者与著作权有关的权利人许可，故意删除或者改变作品、录音录像制品等的权利管理电子信息的，法律、行政法规另有规定的除外；（八）制作、出售假冒他人署名的作品的。"以上行为应当对权利人承担停止侵害、消除影响、赔礼道歉、赔偿损失等民事责任。

（2）《著作权行政处罚实施办法》第 3 条，重点强调对公共利益的损害。

《著作权行政处罚实施办法》第 3 条在《著作权法》基础上，继续补充："（一）《著作权法》第 47 条列举的侵权行为，同时损害公共利益的；（二）《计算机软件保护条例》第 24 条列举的侵权行为，同时损害公共利益的；（三）《信息网络传播权保护条例》第 18 条列举的侵权行为，同时损害公共利益的；第 19 条、第 25 条列举的侵权行为；（四）《著作权集体管理条例》第 41 条、第 44 条规定的应予行政处罚的行为；（五）其他有关著作权法律、法规、规章规定的应给予行政处罚的违法行为。"

2．互联网信息服务提供者的行政责任

《互联网著作权行政保护办法》第 11 条规定，互联网信息服务提供者明知互联网内容提供者通过互联网实施侵犯他人著作权的行为，或者虽不明知，但接到著作权人通知后未采取措施移除相关内容，同时损害社会公共利益的，著作权行政管理部门可以根据《著作权法》第 47 条的规定责令停止侵权行为，并给予行政处罚。

根据这项规定，我们发现，如图 4-2 所示横线下方的第一类网络平台承担行政责任应当满足以下条件。

（1）主观上有过错，明知互联网内容提供者在实施侵犯他人著作权的行为。

（2）主观上虽然没有过错，但客观上损害了社会公共利益。

（3）互联网信息服务提供者主观上的过错需要证明，《互联网著作权行政保护办法》第 12 条规定，如果没有证据表明其明知，或者在接到著作权人通知后采取措施移除相关内容的，不承担行政法律责任。

（二）网络广告领域

如图 4-3 所示，在互联网广告领域，根据《广告法》和《互联网广告管理暂行办法》的规定，真正的互联网内容提供者在互联网广告领域表现为"广告发布者"，仅提供技术、不参与经营的网络平台是《广告法》第 45 条所提到的"互联网信息服务提供者"。这两者应当承担的行政责任也是不同的。但在网络广告领域，网络平台有可能存在多重身份，既可能是广告发布者，又可能是互联网信息服务提供者，这需要具体到某个案例场景下进行区分，什么样的平台就应当承担什么样的责任，这也是本书希望从平台类型化角度入手分析的目的所在。

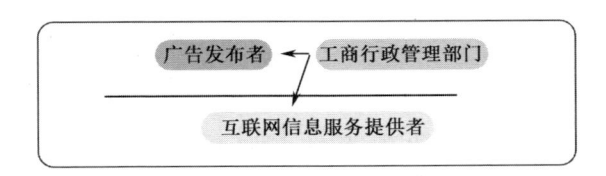

图 4-3　网络平台行政责任 1.0 模型在网络广告领域的适用

1. 广告发布者的行政责任

《广告法》第 2 条第（4）款规定，"广告发布者，是指为广告主或者广告主委托的广告经营者发布广告的自然人、法人或者其他组织。"

该法律条文包括了两层意思：第一，是为广告主或者广告主委托的广告经营者发布广告，而不是为自己发布广告，为自己发布广告的是广告主；第二，范围上扩大到自然人、法人或其他组织，随着互联网信息技术的发展，一些自媒体成为广告发布的渠道，自然人也可以成为广告发布者。

但与传统媒体在发布广告时广告发布者都是在自己的广告展现平台上发布广告不同，在互联网广告领域，发布者可以利用自设网站和拥有合法使用权的互联网媒介帮助别人发布广告。例如，腾讯利用腾讯网发布广告，就是利用自设网站，腾讯就是发布者；微信公众号的运营者利用公众号发布广告内容，公众号运营者作为广告发布者，就利用他拥有合法使用权的微信公众号平台帮助别人发布广告，并且与微信没有广告费用分成，此时微信公众号的运营者是发布者，微信充当了互联网信息服务提供者的角色。

根据《广告法》《互联网广告管理暂行办法》，互联网广告发布者的法定义务至少包括以下几个方面。

（1）建立健全互联网广告业务的承接登记、审核、档案管理制度。

（2）审核查验并登记广告主的名称、地址和有效联系方式等主体身份信息，建立登记档案并定期核实更新。

（3）应当查验有关证明文件，核对广告内容，对内容不符或者证明文件不全的广告，不得设计、制作、代理、发布。

（4）应当配备熟悉广告法规的广告审查人员；有条件的还应当设立专门机构，负责互联网广告的审查。

《广告法》第55条第（3）款规定，如果广告经营者、广告发布者明知或应知广告虚假仍设计、制作、代理、发布的，由市场监督管理部门没收广告费用，并处广告费用三倍以上五倍以下罚款；情节严重的，最高处以200万以下罚款，并可以由有关部门暂停广告发布业务、吊销营业执照、吊销广告发布登记证件[1]。

---

[1] 《广告法》第55条第（3）款，广告经营者、广告发布者明知或者应知广告虚假仍设计、制作、代理、发布的，由市场监督管理部门没收广告费用，并处广告费用三倍以上五倍以下的罚款，广告费用无法计算或者明显偏低的，处20万元以上100万元以下的罚款；两年内有三次以上违法行为或者有其他严重情节的，处广告费用五倍以上十倍以下的罚款，广告费用无法计算或者明显偏低的，处100万元以上200万元以下的罚款，并可以由有关部门暂停广告发布业务、吊销营业执照、吊销广告发布登记证件。

此外，在第 58 条第（3）款[1]、第 59 条第（2）款[2]，当广告主的广告内容出现违法情况时，市场监督管理部门对广告经营者、广告发布者进行的行政处罚，都强调了广告发布者的主观过错，都要在"明知或应知"的情况下。

2．互联网信息服务提供者的行政责任

《广告法》的修订，对互联网广告的重要一点是第 45 条[3]承认了"互联网信息服务提供者"这一主体。这个概念的出现，是对网络广告行业和互联网信息技术发展现状的正视。对照网络平台行政责任 1.0 模型，互联网信息服务提供者相当于只提供技术的网络平台。提出这个新的主体，反映了立法者承认了在某种特定情形下，互联网信息服务提供者本身并不是广告发布者，也不是广告信息的接收者，也没有在广告费用中得到收益或分成，与广告商业活动本身无关，只为他人发送、发布广告的活动提供了一个信息传输的场所或平台，它的角色属于只提供技术服务、不参与经营活动的"第三方平台"。《互联网广告管理暂行办法》第 17 条，再次细化并重申了这一立法精神，"未参与互联网广告经营活动，仅为互联网广告提供信息服务的互联网信息服务提供者，对其明知或者应知利用其信息服务发布违法广告的，应当予以制止。"

在广告实践中，互联网信息服务提供者与互联网广告发布者如何区分认定，成为广大执法者、从业者的主要困扰。

---

1 《广告法》第 58 条第（3）款，广告经营者、广告发布者明知或者应知有本条第一款规定违法行为仍设计、制作、代理、发布的，由市场监督管理部门没收广告费用，并处广告费用一倍以上三倍以下的罚款，广告费用无法计算或者明显偏低的，处 10 万元以上 20 万元以下的罚款；情节严重的，处广告费用三倍以上五倍以下的罚款，广告费用无法计算或者明显偏低的，处 20 万元以上 100 万元以下的罚款，并可以由有关部门暂停广告发布业务、吊销营业执照、吊销广告发布登记证件。
2 《广告法》第 59 条第（2）款，广告经营者、广告发布者明知或者应知有前款规定违法行为仍设计、制作、代理、发布的，由市场监督管理部门处 10 万元以下的罚款。
3 《广告法》第 45 条，公共场所的管理者或者电信业务经营者、互联网信息服务提供者对其明知或者应知的利用其场所或者信息传输、发布平台发送、发布违法广告的，应当予以制止。

（1）网站收费了是否就是互联网广告发布者。

这首先要看收的是什么费。根据《互联网信息服务管理办法》（国务院令第292号），互联网信息服务是指通过互联网向上网用户提供信息的服务活动，包括了经营性互联网信息服务和非经营性互联网信息服务。经营性互联网信息服务是指通过互联网向网络用户有偿提供信息或者网页制作的服务活动。非经营性互联网信息服务是指通过互联网向网络用户无偿提供具有公开性、共享性信息的服务活动。

值得注意的是，这里的经营性"有偿服务"与广告活动是两个问题。经营性、向用户提供有偿服务，有可能是向用户提供信息技术服务、收费会员服务、增值服务等，不一定是收取广告费的活动。例如，新浪微博的微博会员服务，自2012年起新浪为其微博会员提供身份、功能、手机及安全4类增值服务。每月只需要支付10元，开通会员后关注对象的上限可以突破2000人，其中，VIP1至VIP3档会员可关注2500人，VIP4至VIP6档会员可关注3000人；会员可以在微博平台各推荐展示列表中得到优先推荐；会员还将享受VIP专属标识、专属个人页面模板、等级加速及语音微博等服务。这种收费活动并不是广告活动。因此，即便互联网信息服务提供者收取了费用，但只要收取的不是广告费，就不是广告发布者。

（2）广告代言人利用了互联网信息平台的自媒体媒介资源为商品或服务做推荐、证明的，互联网信息平台提供者是否是广告发布者。

以某明星在微博中发布面膜广告为例，明星属于广告代言人，且同时视为广告发布者。那么新浪微博此时属于什么角色呢，是广告发布者还是互联网信息服务提供者呢？这就要看新浪微博是否就该广告与明星进行了广告费用的分成。如果新浪微博参与了广告推荐、发布行为并收取了相关广告费用，就应当承担广告发布者角色；如果新浪微博仅作为网络中间平台，而非网络交易平台，仅为该广告发布行为提供信息传输，那么新浪微博应当被认定为互联网信息服务提供者。如果该面膜出现质量问题，侵害消费者权益，应当由广告主及广告的经营者、发布者承担民事赔偿责任，而新浪微博只在明知或应知的情况下承担制止违法广告的责任。

在法律责任方面，《广告法》第64条规定，"互联网信息服务提供者明知或者应知广告活动违法不予以制止的，由市场监督管理部门没收违法所得，违法所得五万元以上的，并处违法所得一倍以上三倍以下的罚款，违法所得不足五万元的，并处一万元以上五万元以下的罚款；情节严重的，由有关部门依法停止相关业务。"《互联网广告管理暂行办法》第 27 条重申了这项规定。据此，互联网信息服务提供者承担行政责任的条件如下。

第一，主体要件只能是互联网信息服务提供者，在某个广告活动的具体场景下，网络平台仅提供了技术空间，没有参与广告经营活动，没有广告收入分成，不构成网络广告的发布者或经营者，也不是广告主。

第二，有主观过错，互联网信息服务提供者处于明知或应知的状态。如何判断"明知或应知"，除了可以参考著作权立法的相关规定，《广告法》《互联网广告管理暂行办法》虽然在条文中没有明确，但国家市场监督管理总局根据实践提出 4 条标准，分别是监管部门告知的、行业组织发出预警的、消费者组织发出通知书函的、消费者投诉举报集中的。

第三，有违法行为，对违法广告活动不予以制止。

第四，工商管理部门进行行政处罚。

综合上述两个领域，仅提供技术的第一类网络平台承担行政责任应当满足以下条件。

第一，对网络平台必须进行类型化区分，首先应当确认网络平台是真正提供网络内容服务，还是仅提供技术平台、不参与经营活动，应当处于网络平台行政责任 1.0 模型的横线上方还是横线下方。

第二，有主观过错，对违法行为处于明知或应知的主观状态。

第三，虽然没有主观过错，但行为客观上同时侵害了公共利益。例如，发布了侵犯公共利益的违法信息网络内容、发布了虚假广告等，可能会对不确定的多数人产生不利的社会负面影响。公共领域和私人领域的划分，在公共治理、新闻传播等各学科都是一个重要的基础概念，这也是公权力机关是否介入、实施行政管理的必要前提条件。笔者认为，划分公共领域，应当以"是否面向不特定多数人"为标准。网络平台的行为只有在公共领域发生作用，才可能会对公共利益产生潜在影响，包括正向或负向效果。公私领域边界的划分，是公权力部门能否和应当介入、实施公共管理的前提，否则就会出现公法遁入私权的局面。

行政处罚是否必须以主观过错为前提，在传统行政法领域观点看来不是必要的。姜明安认为，"行政处罚适用的前提条件，是公民、法人或其他组织的行政违法行为客观存在，至于行政违法行为的构成要件，只需要具备主体条件、客观条件即可，一旦某行为人实施了违反行政法律规范的行为，即可认为是行政违法行为，主观过错不是行政违法的构成条件。[26]"

但当对网络平台类型化后，在对单纯只提供技术、不参与具体经营行为的第一类网络平台进行行政处罚时，由于此类平台不是直接的行政违法行为实施主体（直接违法主体是真正的互联网内容提供者），因此逐步对传统行政法有了新的突破——在版权领域和互联网广告领域，都在立法中开始考虑主观过错——或者要对违法行为处于明知或应知的主观状态，或者虽然没有主观过错，但行为客观上同时侵害了公共利益。

二、部分参与经营活动的网络平台行政责任

对于第二类网络平台，网络平台既提供技术基础，又提供一定的市场条件，属于部分参与经营活动，有一定的利益相关性。这类平台最典型的当属第三方网络交易平台。互联网作为网络交易平台，其交易对象既包括买卖有形的商品，也包括提供服务，如现在火爆的O2O家政、美甲、洗车、网络餐饮、知识付费等。网络平台行政责任2.0模型如图4-4所示。

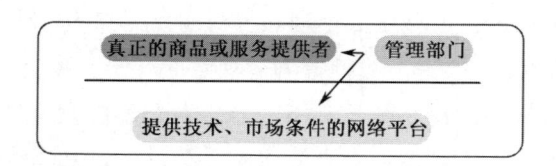

图4-4　网络平台行政责任2.0模型

（一）网络交易平台的行政责任

第二类网络平台部分参与交易活动，为生产者和消费者交换商品提供便利。仍以网络交易平台为例，国家市场监督管理总局发布的《网络交易

管理办法》第 3 条第（1）款规定，"本办法所称网络商品交易，是指通过互联网（含移动互联网）销售商品或者提供服务的经营活动。"第 22 条第（2）款规定，"前款所称第三方交易平台，是指在网络商品交易活动中为交易双方或者多方提供网页空间、虚拟经营场所、交易规则、交易撮合、信息发布等服务，供交易双方或者多方独立开展交易活动的信息网络系统。"因此，第三方交易平台属于典型的第二类网络平台，既提供技术条件——网页空间、虚拟经营场所，也提供市场条件——交易规则、交易撮合、信息发布等。

（二）网络直播平台的行政责任

在移动化、社交化语境下，直播具有视觉表现力强、传递信息丰富、实时交互便捷、应用场景多元、情感关联紧密、使用门槛较低等优势，满足了用户对参与感、临场感、掌控感的深度需求，在社交娱乐、学习工作、商务赋能等领域有广泛应用。

在全球范围内，直播业务也呈现迅猛发展态势。美国直播业务鼻祖 MeerKat 2015 年上线初日平均产生 3 万次直播，覆盖欧美、中东、澳大利亚、东南亚等 156 个国家和地区。2016 年，脸书、YouTube、推特、亚马逊等国际巨头纷纷通过并购、自建方式布局直播。2016 年 8 月的官方数据显示，脸书用户观看直播的时长是其他类型的 3 倍，其直播用户群达到 16 亿个。Periscope 是推特旗下的直播产品，用户数量超过 1000 万个。

在国内，2016 年我国直播市场规模达 150 亿元，平台数量达 200 多家，用户规模为 3.44 亿个，网民总体渗透率达 47.1%，30 岁以下网民渗透率为 73.6%，同时在线人数达 400 万人[1]。但随着行业快速发展，特别是一些缺乏规范管理和经验传承的小平台涌入，有关问题也引发了社会关注。自 2016 年下半年以来，几个管理部门密集出台监管政策，对网络直播平台行政责任做出规定。

---

[1] 第 39 次《中国互联网络发展状况统计报告》，2016 年 7 月；DAU 来自 Trustdata《2016 移动视频直播分析报告》，2016 年 6 月。

网络直播平台按照业务类型，可以分为用户生产内容和平台生产内容两种。

根据国家互联网信息办公室发布的《互联网直播服务管理规定》（2016年11月4日发布，12月1日实施）、2016年12月13日文化部发布的《网络表演经营活动管理办法》（2017年1月1日实施），以及2016年9月国家新闻出版广电总局印发的《关于加强网络视听节目直播服务管理有关问题的通知》，网络直播（网络表演）平台应当承担的行政责任如下。

（1）用户身份登记管理。

国家互联网信息办公室要求，应当按照"后台实名、前台自愿"原则：①对互联网直播用户（非主播本人，仅参与浏览、评论、打赏等互动环节的普通用户）进行基于移动电话号码等方式的真实身份信息认证；②对互联网直播发布者（主播）进行基于身份证件、营业执照、组织机构代码证等的认证登记；③互联网直播服务提供者应当对互联网直播发布者的真实身份信息进行审核，向所在地省、自治区、直辖市互联网信息办公室分类备案，并在相关执法部门依法查询时予以提供。由于国家互联网信息办公室的直播规定是总体规定，因此这里的实名制要求同样适用于各类直播产品。

原文化部对网络表演类主播增加了验证环节，除要求表演者使用有效身份证件进行实名注册之外，还要求"采取面谈、录制通话视频等有效方式进行核实"。

（2）平台资质取得。

网络直播不同业务，需要取得不同的行政许可资质。①网站提供互联网新闻信息服务的，应当取得国家互联网信息办公室颁发的《互联网新闻信息服务许可证》。同时，主播也应当具备《互联网新闻信息服务许可证》，即业界所称平台和主播的"双资质"。因此，时政新闻类直播服务门槛最高，基本排除了个人主播或不具备新闻资质的机构主播擅自做时政新闻的可能。②提供网络视听节目直播服务的（主要指文化活动、体育赛事），应当取得原国家新闻出版广电总局颁发的《互联网视听节目服务许可证》。③提供网络表演直播服务的（主要指秀场类、游戏类直播），应当取得原文化部颁发的《网络文化经营许可证》。

（3）承担相应审核责任。不同的直播平台规则不完全相同。

第一，互联网新闻直播，根据国家互联网信息办公室要求，在内容审核管理制度方面的规则有 5 条。①应当配备与服务规模相适应的专业人员；②健全信息审核、信息安全管理、值班巡查、应急处置、技术保障等制度；③应当建立直播内容审核平台，根据互联网直播的内容类别、用户规模等实施分级分类管理，对图文、视频、音频等直播内容加注或播报平台标识信息；④提供互联网新闻信息直播服务的，还应当设立总编辑；⑤对互联网新闻信息直播及其互动内容实施先审后发管理。

第二，网络表演平台，根据原文化部要求，应当按照《互联网文化管理暂行规定》和《网络文化经营单位内容自审管理办法》的相关要求。①建立健全内容审核管理制度；②配备满足自审需要并取得相应资质的审核人员；③建立适应内容管理需要的技术监管措施；④不具备内容自审及实时监管能力的网络表演经营单位，不得开通表演频道；⑤未采取监管措施或未通过内容自审的网络表演产品，不得向公众提供；⑥应当在表演频道内及表演音视频上，标注经营单位标识等信息；⑦应当根据表演者信用等级、所提供的表演内容类型等，对表演频道采取针对性管理措施；⑧应当完善用户注册系统，保存用户注册信息，积极采取措施保护用户信息安全；⑨应当建立内部巡查监督管理制度，对网络表演进行实时监管。

第三，网络视听服务平台，应当按照原国家新闻出版广电总局要求：①开展重大活动、事件直播前 5 天，开展一般性文化活动、体育赛事直播前 48 小时，应当向省级广电主管部门备案；②未经批准，任何机构和个人不得在互联网上使用"电视台""广播电台""电台""TV"等广播电视专有名称开展业务。

第四，发现违法信息的处置责任。国家互联网信息办公室要求，对互联网新闻信息直播及其互动内容实施先审后发管理。发现违法违规直播信息内容的，要及时消除内容、保存记录，并向有关主管部门报告。根据原文化部要求，对实时的网络表演进行实时监控，对非实时的网络表演音视频（包括用户上传的）应当先审后发。当发现本单位所提供的网络表演含有违法违规内容时，应当立即停止提供服务、保存有关记录，并立即向本单位注册地或实际经营地省级文化行政部门或文化市场综合执法机构报告。根据原国家新闻出版广电总局要求，建立备用节目紧急替换技术手段和工作机制，在直播中遇到不符合法律法规内容时可实现实时切换[1]。

三、网络平台行政责任的义务体系

对现行相关规定的梳理显示，网络平台的行政义务内容已非常庞杂，从最初事中的明显违法信息的发现及停止传输、保存、报告等附随义务，已经逐渐扩充至事前的实名登记、事中的跟踪监测和内容审核，以及事后的配合等义务，实现了从事前到事中、事后的全覆盖，形成了一套完整的义务体系。

（一）事前义务

平台的事前义务，主要是其对于平台上用户或经营者的实名身份登记、审查（审核、查验）的义务，对象既包括自然人也包括法人。

实名身份验证义务，最早出现于2010年的《网络商品交易及有关服务行为管理暂行办法》，其规定提供网络交易平台服务的经营者应当对申请通过平台的经营主体身份进行审查[2]。随后，2010年新闻出版总署发布的《关于促进出版物网络发行健康发展的通知》规定，提供网络交易平台服务的经营者应当对申请通过其平台从事出版物发行业务的经营主体身份进行审

---

1 具体规定参见国家互联网信息办公室《互联网直播服务管理规定》（2016年11月4日发布，12月1日实施）、文化部于2016年12月13日发布的《网络表演经营活动管理办法》（2017年1月1日实施）、国家新闻出版广电总局于2016年9月印发的《关于加强网络视听节目直播服务管理有关问题的通知》。
2 《网络商品交易及有关服务行为管理暂行办法》第20条规定："提供网络交易平台服务的经营者应当对申请通过网络交易平台提供商品或者服务的法人、其他经济组织或者自然人的经营主体身份进行审查。"

查[1]。2011年发布的《北京市微博客发展管理若干规定》要求，网站开展微博客服务，应当保证注册用户信息真实[2]。2012年全国人民代表大会常务委员会发布的《关于加强网络信息保护的决定》规定，网络服务提供者为用户提供信息发布服务时，应要求用户提供真实身份信息[3]。2014年发布的《即时通信工具公众信息服务发展管理暂行规定》要求，即时通信工具服务提供者应要求即时通信工具服务使用者在通过真实身份信息认证后注册账号[4]。2015年发布的《互联网用户账号名称管理规定》要求，互联网信息服务提供者要求互联网信息服务使用者在通过真实身份信息认证后注册账号[5]。2015年修订的《食品安全法》规定，网络食品交易第三方平台提供者履行对于入网经营者的实名登记义务[6]。2015年发布的《反恐怖主义法》要求，电信业务经营者、互联网服务提供者履行对于客户身份的查验义务[7]。2016年发布的《移动互联网应用程序信息服务管理规定》要求，互联网应用商

---

1 《关于促进出版物网络发行健康发展的通知》第8条第（2）款规定："提供出版物网络交易平台服务的经营者，应当对申请通过网络交易平台从事出版物发行的经营主体身份进行审查，确保注册姓名和地址的真实性。"

2 《北京市微博客发展管理若干规定》第9条规定："任何组织或者个人注册微博客账号制作、复制、发布、传播信息内容的，应当使用真实身份信息，不得以虚假、冒用的居民身份信息、企业注册信息、组织机构代码信息进行注册。网站开展微博客服务，应当保证前款规定的注册用户信息真实。"

3 《关于加强网络信息保护的决定》第6条规定："网络服务提供者为用户办理网站接入服务，办理固定电话、移动电话等入网手续，或者为用户提供信息发布服务，应当在与用户签订协议或者确认提供服务时，要求用户提供真实身份信息。"

4 《即时通信工具公众信息服务发展管理暂行规定》第6条第（1）款规定："即时通信工具服务提供者应当按照'后台实名、前台自愿'的原则，要求即时通信工具服务使用者通过真实身份信息认证后注册账号。"

5 《互联网用户账号名称管理规定》第5条规定："互联网信息服务提供者应当按照'后台实名、前台自愿'的原则，要求互联网信息服务使用者通过真实身份信息认证后注册账号。"

6 《食品安全法》（2015年修订）第62条第（1）款规定："网络食品交易第三方平台提供者应当对入网食品经营者进行实名登记，明确其食品安全管理责任；依法应当取得许可证的，还应当审查其许可证。"

7 《反恐怖主义法》第21条规定："电信、互联网、金融、住宿、长途客运、机动车租赁等业务经营者、服务提供者，应当对客户身份进行查验。对身份不明或者拒绝身份查验的，不得提供服务。"

店服务提供者履行对应用程序提供者真实性的审核义务[1]。在2012年全国人民代表大会常务委员会通过的《关于加强网络信息保护的决定》的基础上，2016年的《网络安全法》将履行网络实名制义务细化为"为用户办理网络接入、域名注册服务，办理固定电话、移动电话等入网手续，或者为用户提供信息发布、即时通信等服务时，应当要求用户提供真实身份信息"[2]。2017年发布的《互联网新闻信息服务管理规定》第13条明确，"互联网新闻信息服务提供者为用户提供互联网新闻信息传播平台服务，应当按照《网络安全法》的规定，要求用户提供真实身份信息。[3]"

上述立法规定既有针对各细分领域的规定，从最初的网络商品交易服务，逐渐扩展到网络出版服务、信息发布服务、即时通信工具等信息服务、网络食品交易服务、网络应用商店服务等各细分领域，又有类似《关于加强网络信息保护的决定》《反恐怖主义法》和《网络安全法》的原则性规定，这意味着包括互联网平台在内的互联网服务提供者、网络运营者均需要对用户履行实名身份查验义务。

（二）事中义务

平台在事中的行政义务最开始主要针对违法信息的发现及处理义务。几部代表性的法律、行政法规、规章的具体内容如表4-1所示。

---

1 《移动互联网应用程序信息服务管理规定》第8条第（1）款规定，互联网应用商店服务提供者应当对应用程序提供者进行真实性、安全性、合法性等审核，建立信用管理制度，并向所在地省、自治区、直辖市互联网信息办公室分类备案。

2 《网络安全法》第24条第（1）款规定："网络运营者为用户办理网络接入、域名注册服务，办理固定电话、移动电话等入网手续，或者为用户提供信息发布、即时通信等服务，在与用户签订协议或者确认提供服务时，应当要求用户提供真实身份信息。用户不提供真实身份信息的，网络运营者不得为其提供相关服务。"

3 《互联网新闻信息服务管理规定》第13条规定："互联网新闻信息服务提供者为用户提供互联网新闻信息传播平台服务，应当按照《网络安全法》的规定，要求用户提供真实身份信息。用户不提供真实身份信息的，互联网新闻信息服务提供者不得为其提供相关服务。"

表 4-1 网络平台事中义务梳理

发布时间	2000 年	2000 年	2005 年	2012 年	2015 年	2015 年	2016 年
法律规范名称	《互联网信息服务管理办法》	《维护互联网安全的决定》	《互联网新闻信息服务管理规定》	《关于加强网络信息保护的决定》	《互联网用户账号名称管理规定》	《反恐怖主义法》	《网络安全法》
义务主体	互联网信息服务提供者	从事互联网业务的单位	互联网新闻信息服务单位	网络服务提供者	互联网信息服务提供者	互联网服务提供者	网络运营者和电子信息发送服务提供者
判断标准	明显违反"九不准"内容的信息	有害信息	违反"九不准"新闻信息内容	法律、法规禁止发布或传输的信息	注册信息出现违法和不良信息	含有恐怖主义、极端主义内容的信息	包括用户发布和发送信息在内的法律、行政法规禁止发布或传输的信息
义务内容	发现、停止传输、保存及报告	发现、采取措施、停止传输及报告	发现、删除、保存及提供	发现、停止传输、消除、保存及报告	通知限期改正、暂停使用、注销登记	发现、停止传输、删除、保存及报告	发现、停止传输、消除、保存及报告

从上述立法规定可以发现：围绕违法信息的发现及停止传输、保存、报告等附随义务的内容，从一开始的发现、停止传输、保存及报告演变为发现、停止传输、消除、保存及报告；义务的对象从用户发布的信息扩展到用户发送的电子信息，从公共信息服务领域深入公民私人的通信自由和通信秘密领域；违法信息的判断标准从最初的"九不准"的内容扩展到违反法律、行政法规的信息，除了违法信息，还包括有害信息、不良信息，以及细分领域的新闻信息、涉恐信息等；发现的程度从一开始的明显违法演变到仅规定"发现"，未对明知或应知加以明确说明。

随着互联网各细分领域的发展，平台的类型也日益多样，在事中阶段，平台的行政义务也从发现、判断并处理违法信息扩展至发现、判断并处理违法行为。

例如，2010 年新闻出版总署发布的《关于促进出版物网络发行健康发展的通知》要求提供出版物网络交易平台服务的经营者，履行对于平台内违法违禁活动的发现、制止及报告义务¹。《网络交易管理办法》要求第三方网络交易平台经营者建立检查监控制度，履行对于违法行为的发现、制止、停止服务及报告义务²。新修订的《广告法》要求互联网信息服务提供者履行对其明知或应知的利用其信息传输、发布平台发送、发布违法广告的制止义务。2015年修订的《食品安全法》要求网络食品交易第三方平台提供者履行对于入网经营者的违法行为的发现、制止、报告，以及对严重违法行为停止服务的义务³。

除此之外，在某些互联网细分领域，还有一些针对不同平台的特殊义务规定。例如，《网络交易管理办法》要求第三方交易平台经营者建立平台内交易规则、交易安全保障、消费者权益保护等制度⁴；《移动互联网应用程序信息服务管理规定》要求互联网应用商店服务提供者履行对应用程序提供者保护用户信息、发布合法信息内容、尊重和保护知识产权的督促义务⁵。

---

1 《关于促进出版物网络发行健康发展的通知》第8条第（4）款规定："提供出版物网络交易平台服务的经营者，发现在网络交易平台内从事各类违法违禁活动的，应当采取有效措施予以制止，并及时向所在地新闻出版行政部门报告。"

2 《网络交易管理办法》第26条第（1）款规定："第三方交易平台经营者应当对通过平台销售商品或者提供服务的经营者及其发布的商品和服务信息建立检查监控制度，发现有违反工商行政管理法律、法规、规章的行为的，应当向平台经营者所在地工商行政管理部门报告，并及时采取措施制止，必要时可以停止对其提供第三方交易平台服务。"

3 《食品安全法》（2015年修订）第62条第（2）款规定："网络食品交易第三方平台提供者发现入网食品经营者有违反本法规定行为的，应当及时制止并立即报告所在地县级人民政府食品药品监督管理部门；发现严重违法行为的，应当立即停止提供网络交易平台服务。"

4 《网络交易管理办法》第25条第（1）款规定："第三方交易平台经营者应当建立平台内交易规则、交易安全保障、消费者权益保护、不良信息处理等管理制度。"

5 《移动互联网应用程序信息服务管理规定》第8条第（2）～（4）款规定：
（二）督促应用程序提供者保护用户信息，完整提供应用程序获取和使用用户信息的说明，并向用户呈现。
（三）督促应用程序提供者发布合法信息内容，建立健全安全审核机制，配备与服务规模相适应的专业人员。
（四）督促应用程序提供者发布合法应用程序，尊重和保护应用程序提供者的知识产权。

（三）事后义务

平台的事后义务主要体现为配合处理义务。

（1）按照有权行政机关的要求，对于已被有权行政机关认定的违法信息或行为采取处理措施。

例如，《网络交易管理办法》规定，第三方网络交易平台经营者履行对工商行政管理部门发现的平台内违法行为配合采取知之措施的义务。对于工商行政管理部门发现平台内有违反工商行政管理法律、法规、规章的行为并依法要求第三方网络交易平台经营者采取措施制止的配合义务[1]。

又如，《网络安全法》要求网络运营者加强对用户发布信息的管理，发现法律、行政法规禁止发布或者传输的信息的，应当立即停止传输该信息，采取消除等处置措施，防止信息扩散，保存有关记录并向主管部门报告；同时，要发现国家网信部门和有关部门颁布的法律、行政法规中禁止发布或者传输的信息，并要求网络运营者停止传输、采取消除等处置措施及保存有关记录[2]。

（2）按照有权行政机关的要求，提供涉嫌违法的经营者的相关资料。例如，《网络交易管理办法》要求第三方网络交易平台经营者要按照工商部门的要求，提供在其平台内涉嫌违法经营的经营者的登记信息、交易数据等资料的义务[3]。

---

1 《网络交易管理办法》第 26 条第（2）款规定："工商行政管理部门发现平台内有违反工商行政管理法律、法规、规章的行为，依法要求第三方交易平台经营者采取措施制止的，第三方交易平台经营者应当予以配合。"

2 《网络安全法》第 50 条规定："国家网信部门和有关部门依法履行网络信息安全监督管理职责，发现法律、行政法规禁止发布或者传输的信息的，应当要求网络运营者停止传输，采取消除等处置措施，保存有关记录；对来源于中华人民共和国境外的上述信息，应当通知有关机构采取技术措施和其他必要措施阻断传播。"

3 《网络交易管理办法》第 34 条规定："第三方交易平台经营者应当积极协助工商行政管理部门查处网上违法经营行为，提供在其平台内涉嫌违法经营的经营者的登记信息、交易数据等资料，不得隐瞒真实情况。"

四、网络平台行政责任的确定

必须承认，从经济外部性原则来看，要求网络平台承担一定责任具有合理性。网络平台责任应当与网络平台企业规模和增长程度成正比，网络平台企业适当承担监管责任，是应有之义。此外，网络平台企业从事互联网信息服务，对其他个人或社会造成了影响，因而承担相应的责任或得到回报，符合经济外部性原则。合理设计的网络平台责任制度，以互联网企业与用户之间的民事契约化行为淡化了行政监管色彩，有利于减少社会矛盾。此外，借助网络平台企业的专业技术、成本优势，有利于节省国家财政支出，减少行政执法难度。网络平台行政责任的确定需要注意以下问题。

（一）网络平台本身性质界定困难，责任区分待明确

在网络平台行政责任方面，除了平台与经营者的角色混乱，还存在不同类型平台可能承担同样义务和责任的问题。实际上，由于平台性质不同，扮演的角色不同，其所承担的义务和责任有所区别。

例如，在电商领域，传统类似淘宝、京东的第三方交易平台为商品经营者和用户提供了商品的展示、沟通、下单、支付、物流等全方位的平台服务，相关立法也为第三方交易平台设定了事前主体真实身份登记审查、事中平台内交易规则、交易安全保障、消费者权益保护、不良信息处理等管理制度设立，事后配合等完整的行政义务体系。

随着移动互联网技术的发展，电商领域呈现出移动化、模块化和碎片化三大发展方向。微商出现在公共视野。2015 年以来，随着媒体对微商的报道络绎不绝，有关部门曾计划出台针对微商的部门规章，将微信平台等同于淘宝网络交易平台进行监管。

但是，在移动互联网时代，电商有了新的发展。一是移动电商，传统电商从 PC 端到移动端的延伸；二是模块化电商，为充分利用用户资源，在 App 中增加电商模块，获取增值服务收益，典型的有微信小店、微卖及豆瓣电影；三是碎片化电商，缺乏统一平台，多种工具参与其中，共同完成

交易闭环。借助热门 App 及微信、微博两类社交产品的传播优势，加之进入门槛低，微商发展迅速。从发展历史来看，先有网络信息平台，提供信息发布服务，后来电商兴起，分化出了网络交易平台。两者在设立目的、服务对象、用户协议、服务内容等方面存在实质差异。网络平台性质的划分不以产品为基础，所以同一个网络平台可能既是信息平台又是交易平台。若不仔细区分，可能不利于网络平台服务提供商的发展。

（二）网络平台责任和直接经营者的责任需要区分

互联网的发展日新月异，网络平台生态也是如此。一方面，网络平台既类型多样，又互相交织；另一方面，网络平台与直接经营者之间会发生身份转换。

与网络平台上的用户或直接经营者有明显不同，网络平台的显著特点是为平台上的用户或直接经营者提供某种中介服务，属于广义的网络服务提供者的范畴。但是，由于现实中出现了网络平台兼直接经营者的情形，即除了作为网络平台为第三方经营者提供服务，还有自营部分，两者混合在一起，就会出现错把网络平台当成直接经营者的情形，要求网络平台承担专属于直接经营者的义务和责任。

严格意义上讲，网络平台责任指的是"网络第三方平台的责任"，把握好这一点，是区分直接经营者的主体责任和网络平台责任（第三方中立地位）的前提。以下用两个简单的示意图进行区分，如图 4-5 和图 4-6 所示。

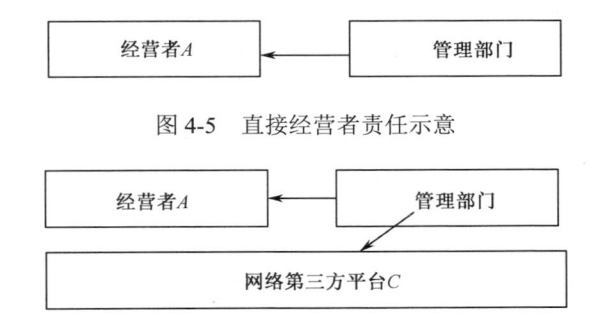

图 4-5　直接经营者责任示意

图 4-6　网络第三方平台责任示意

在图 4-5 中，A 可以是网络信息服务提供者，可能从事不同的行业，如某个电商的自营单位（如京东自营模式），或者广告发布者（如新浪网承接品牌广告业务，在新浪网页面发布广告），或者信息发布者（如人民网自行采编的新闻信息）；另一端的管理部门，有可能是电子商务领域的管理部门、广告监管部门，也可能是互联网新闻信息服务管理部门。当 A 的电商经营行为、广告发布行为或互联网新闻信息服务行为违反法律、行政法规或部门规章时，相应的管理部门就会对 A 处以相应的行政处罚，进行行政追责。在这种情况下，A 属于网络平台类型化模型中的第三类，即平台提供技术、一定的市场条件，并直接提供商品或服务，具有直接的利益相关性。此时 A 是法律行为的直接实施者（如自营电子商务、自行发布广告、自行发布互联网新闻信息内容、自制网络视频内容等），理应对其后果承担全部责任。一旦违法，管理部门是追责主体，A 就应当承担起相应的行政责任。

在上述情况下，A 如果对用户侵权，就是作为直接经营者、直接侵权人的责任，而非第三方中立的平台责任。如果 A 是网络平台自营的商家，用户在 A 处购买的商品质量发生问题，造成了 B 的人身和财产损失，A 应当依照《消费者权益保障法》进行相应赔偿。

在图 4-6 中，与网络平台上的用户或经营者有明显不同，网络第三方平台的显著特点是为网络平台上的用户或经营者提供某种中介服务。如果对两者不做区分，就容易出现错把网络第三方平台当成直接经营者的情形。

例如，在网络文化领域，《互联网文化管理暂行规定》（2017 年修订）规定了从事互联网文化活动的互联网文化单位[1]。2013 年文化部发布的《网络文化经营单位内容自审管理办法》进一步明确了网络文化经营单位，并要求其承担内容审核义务[2]。在 2016 年发布的《网络出版服务管理规定》中，把内容存储与发布的提供者视为网络出版服务平台，把微博、微信等网络平台服务单位看成内容的提供者，并纳入许可管理。

在网络视频领域，2008 年发布的《互联网视听节目服务管理规定》中

---

[1]《互联网文化管理暂行规定》（2017 年修订）第 4 条规定："本规定所称互联网文化单位，是指经文化行政部门和电信管理机构批准或者备案，从事互联网文化活动的互联网信息服务提供者。"

[2]《网络文化经营单位内容自审管理办法》第 10 条规定："网络文化经营单位应当通过技术手段对网站（平台）运行的产品及服务的内容进行实时监管，发现违规内容的要立即停止提供，保存有关记录，重大问题向所在地省级文化行政部门报告。"

将自行通过网络向公众提供视听节目和为他人提供上传、视听节目服务的单位统称为"互联网视听节目服务单位（以下简称视听服务单位）"；2014年发布的《关于进一步加强网络剧、微电影等网络视听节目管理的通知》及其《补充通知》要求视听服务单位按照"谁办网谁负责"的原则，对网络剧、微电影等网络视听节目实施先审后播管理制度，由视听服务单位进行内容自审。对于用户自行转发上传的视听节目，视同自制节目，统一由视听服务单位履行审核责任。

2014年，国家食品药品监督管理总局在《互联网食品药品监督经营管理办法（征求意见稿）》第34条要求，"建立互联网药品交易服务的第三方交易平台经营者，应当具有……两名以上执业药师、药品储存、运输管理制度、专职药品质量管理人员……。[1]"这要求药品网络交易平台与直接药品经营者同样承担存储运输管理责任。

（三）网络平台履行"类行政监管职能"的性质不清

因为互联网治理的难度，现在网络信息的合法性、真实性审查的义务主要由网络平台承担。从国家、网络平台和用户的视角来看，这种审查既是一种义务，也构成了一种权力，称为"类行政监管职能"。

政府通过立法的形式赋予平台相应的行政义务，从平台角度来看，是其行政义务；但从用户的角度来看，平台履行义务会直接影响其核心权益。在"以网管网"的监管思路下，平台作为私权主体是否是适格主体？这是

---

1 《互联网食品药品经营监督管理办法（征求意见稿）》第34条，申请互联网药品交易服务的第三方交易平台经营者，应当具备下列条件：
（一）取得互联网增值电信业务经营许可证；
（二）具有网上查询、生成订单、电子合同、网上支付等交易服务功能；
（三）建立交易安全管理制度和保障措施，能够实现可追溯；
（四）具有药品质量管理机构或者专职药品质量管理人员；
（五）具有两名以上执业药师，并建立执业药师在线药事服务制度，由执业药师负责处方的审核及监督调配，指导合理用药；
（六）建立药品经营主体资格审查、药品信息发布审核、储存和运输管理等制度；
（七）建立药品不良反应报告、药品协助召回、应急处理等制度；
（八）建立投诉举报处理、消费者权益保护等制度；
（九）其他保证药品质量安全的制度和措施。

未来我们需要考虑的问题。

首先,按照行政法的基本原则,行政机关是行政权力的天然行使主体,平台作为私权主体,不属于行政机关这一公权力机关范畴。其次,就行政授权而言,法律、法规授权的具有管理公共事务职能的组织也是法定行使主体之一,但平台属于企业法人范畴,与具有管理公共事务职能的组织性质截然不同,不属于行政授权的范围。最后,从行政委托角度来看,按照《行政处罚法》的规定,行政机关可以委托依法成立的具有管理公共事务的事业组织实施行政处罚,平台也不属于受委托组织的范畴。

根据《行政处罚法》第 15 条、第 18 条规定,只有行政机关才能在法定职权内实施行政处罚,不得委托其他组织或个人实施行政处罚。《行政强制法》第 2 条规定,行政机关为制止违法行为可以采取行政强制措施,且行政强制措施权不得委托。我们对现行法律进行了不完全统计,涉及"制止"的法律共 103 部、189 处,其中,行政机关作为"制止"实施者的有 135 处,私人主体作为"制止"实施者的有 54 处。目前,根据关于授权的一些基本规则,从《行政处罚法》《行政强制法》所确立的基本规则,授权非国家的组织行使限制公民权利自由这类公权力的,都必须是具有管理公共事务的组织,但是网络平台并不符合这样的条件。以 2012 年全国人民代表大会常务委员会通过的《关于加强网络信息保护的决定》第 5 条的规定为例,其要求网络服务提供者履行对于用户发布的违法信息的处理保存及报告义务。

自 2017 年 6 月起实施的《互联网新闻信息服务管理规定》(国家网信办于 2017 年 5 月 2 日公布)给出了"用民事协议确立平台对平台内用户行使审核权"的路径,解决了网络平台对平台内用户资质及发布内容拥有审核权的合法性问题。第 14 条规定[1],"互联网新闻信息服务提供者提供互联

---

[1] 《互联网新闻信息服务管理规定》第 14 条规定,互联网新闻信息服务提供者提供互联网新闻信息传播平台服务,应当与在其平台上注册的用户签订协议,明确双方权利义务。对用户开设公众账号的,互联网新闻信息服务提供者应当审核其账号信息、服务资质、服务范围等信息,并向所在地省、自治区、直辖市互联网信息办公室分类备案。

网新闻信息传播平台服务，应当与在其平台上注册的用户签订协议，明确双方权利义务。对用户开设公众账号的，互联网新闻信息服务提供者应当审核其账号信息、服务资质、服务范围等信息，并向所在地省、自治区、直辖市互联网信息办公室分类备案。"第 16 条规定，信息发布者不得制作、复制、发布、传播违法信息，平台一旦发现，应当依法立即停止传输该信息、采取消除等处置措施，保存有关记录，并向有关主管部门报告[1]。

但纠结的地方在于，具有采编权的新闻单位媒体，在自己的平台上采编发布信息时，就是《互联网新闻信息服务管理规定》中所说的"互联网新闻信息服务提供者"，对自己的内容负责。但如果这些新闻单位媒体在微信、微博、今日头条等网络平台上开设账号，他们同时就成了网络传播平台的用户，就要受到网络平台提供者的管理。

2017 年 9 月 7 日，国家网信办颁布的《互联网用户公众账号信息服务管理规定》第 5 条第（2）款要求，"互联网用户公众账号信息服务提供者应当制定和公开管理规则和平台公约，与使用者签订服务协议，明确双方权利义务。"第 8 条明确，"依法取得互联网新闻信息采编发布资质的互联网新闻信息服务提供者，可以通过开设的用户公众账号采编发布新闻信息。"这进一步明确，已经取得采编发布资质的新闻单位媒体，在发布公众号时，公众号只是其发布的渠道之一，新闻单位媒体自身应当承担互联网新闻信息服务提供者的主体责任[2]。

---

1 《互联网新闻信息服务管理规定》第 16 条规定，互联网新闻信息服务提供者和用户不得制作、复制、发布、传播法律、行政法规禁止的信息内容。互联网新闻信息服务提供者提供服务过程中发现含有违反本规定第 3 条或前款规定内容的，应当依法立即停止传输该信息、采取消除等处置措施，保存有关记录，并向有关主管部门报告。

2 《互联网用户公众账号信息服务管理规定》第 5 条规定：互联网用户公众账号信息服务提供者应当落实信息内容安全管理主体责任，配备与服务规模相适应的专业人员和技术能力，设立总编辑等信息内容安全负责人岗位，建立健全用户注册、信息审核、应急处置、安全防护等管理制度。互联网用户公众账号信息服务提供者应当制定和公开管理规则和平台公约，与使用者签订服务协议，明确双方权利义务。

第 8 条规定：依法取得互联网新闻信息采编发布资质的互联网新闻信息服务提供者，可以通过开设的用户公众账号采编发布新闻信息。

2018年2月，国家网信办再次发布的《微博客信息服务管理规定》第6条要求，"微博客服务提供者应当制定平台服务规则，与微博客服务使用者签订服务协议，明确双方权利义务，要求微博客服务使用者遵守相关法律法规。"第10条首次点明了微博平台服务提供者和各级党政机关、企事业单位、人民团体和新闻媒体等组织机构特殊微博用户之间的关系，即官方微博要对自身发布的内容负责，而微博服务提供者应当提供管理权限等必要支持。第一，前提是这几类特殊微博用户的账号，应当是前台实名认证账号；第二，特殊单位主体要对自己经过认证的账号发布的内容及其评论跟帖负有管理责任，并承担第一责任；第三，微博平台起辅助支持作用，要提供管理权限等必要支持，协助其完成管理责任[1]。

（四）网络平台对违法信息的认定标准需要明晰

在涉及互联网信息内容领域，《电信条例》第56条、《互联网信息服务管理办法》第15条都规定了"九不准"[2]，作为界定"互联网违法信息"的依据进行认定。

---

[1] 《微博客信息服务管理规定》第6条规定：微博客服务提供者应当落实信息内容安全管理主体责任，建立健全用户注册、信息发布审核、跟帖评论管理、应急处置、从业人员教育培训等制度及总编辑制度，具有安全可控的技术保障和防范措施，配备与服务规模相适应的管理人员。微博客服务提供者应当制定平台服务规则，与微博客服务使用者签订服务协议，明确双方权利义务，要求微博客服务使用者遵守相关法律法规。

第10条第（2）款规定：各级党政机关、企事业单位、人民团体和新闻媒体等组织机构对所开设的前台实名认证账号发布的信息内容及其跟帖评论负有管理责任。微博客服务提供者应当提供管理权限等必要支持。

[2] 2000年的《互联网信息服务管理办法》（国务院令第292号）第15条规定："互联网信息服务提供者不得制作、复制、发布、传播含有下列内容的信息：（一）反对宪法所确定的基本原则的；（二）危害国家安全，泄露国家秘密，颠覆国家政权，破坏国家统一的；（三）损害国家荣誉和利益的；（四）煽动民族仇恨、民族歧视，破坏民族团结的；（五）破坏国家宗教政策，宣扬邪教和封建迷信的；（六）散布谣言，扰乱社会秩序，破坏社会稳定的；（七）散布淫秽、色情、赌博、暴力、凶杀、恐怖或者教唆犯罪的；（八）侮辱或者诽谤他人，侵害他人合法权益的；（九）含有法律、行政法规禁止的其他内容的。"

1. 对"九不准"内容的理解需要更细化

"九不准"的表述最早出现在《电信条例》（国务院令第 291 号）和《互联网信息服务管理办法》（国务院令第 292 号）中，成为平台履行网络违法信息发现义务的判断标准。

多年以来，其他相关立法基本沿袭了这项规定，并根据各自领域特色，对网络违法信息的判断标准做了细微调整，但整体变化不大。例如，在内容产业领域，2003 年文化部发布的《互联网文化管理暂行规定》第 16 条确定了"十不准"，增加了危害社会公德或民族优秀文化传统的内容，其他内容与《互联网信息服务管理办法》基本相同。

不论是"九不准"还是"十不准"，都是在实践中网络平台履行网络违法信息发现义务的判断标准。面对用户发布的数量庞大、内容多样的信息，网络平台对于违法信息判断标准的理解需要更加细化。

2. 网络平台对"九不准"内容界限需要明确

在"九不准"规定中，第一项至第五项涉及国家安全、民族团结或宗教信仰等有关的违法信息，第六项和第七项与社会秩序有关，第八项"侮辱或者诽谤他人，侵害他人合法权益的"的规定，是民事侵权信息。当前，所有涉及互联网业务的"违法信息"的界定都引用这种规定。

根据检索，共有约 20 项与互联网业务直接相关的部门规章、规范性文件沿用这种表述，尝试按照"九不准"的方式，将民事侵权信息也规定为"违法信息"。对于如何处理平台上存在的"民事侵权信息"，《侵权责任法》第 36 条规定的"通知-删除"规则已经明确，将是否要求处理这些信息的选择交由权利人自己决定，平台应按照该条款的规定履行义务或承担责任。

（五）网络平台履行认定违法信息的责任后果易混淆

网络平台履行行政义务的过程，同时也是其行使"准行政权力"的过程，最终的影响对象必然是网络平台上的用户。以事前的网络实名查验义务为例，按照《网络安全法》的规定，如果用户不提供真实身份信息，网络运营者就不得为其提供相关服务。鉴于现实情况复杂多变，若网络平台认为用户未提供真实身份信息，并停止提供服务，但双方对于真实身份信息的理解有分歧，在实践中可能出现网络平台因履行行政义务和用户发生纠纷的情形，用户认为其权利受损，定会寻求救济。

从表象来看，网络平台和用户均为民事法律关系主体，两者发生纠纷，用户可以通过民事诉讼主张权利，获得救济。但网络平台履行行政义务的过程却有特殊性，在某种意义上，网络平台成为"准行政权力"的行使主体，履行了行政机关的监管职责，行为后果也直接作用于用户本身。

从行为属性上看，网络平台履行行政义务的过程与用户形成了类行政法律关系，但由于网络平台的私权主体属性，用户难以作为行政相对人获得行政复议、行政诉讼等救济途径。

如果网络平台认定错误，进而引发违约、侵权等民事纠纷和诉讼，法律后果由谁承担？民事诉讼还是行政诉讼？责任主体是谁？对被认定错误的被侵权人，有哪些救济措施？其合法权利能否得到有效保障？这些都是我们未来需要深入理解的内容。

（六）网络平台在网络安全与执法协助方面缺乏程序限制

近年来，网络平台面临各方压力。在国外，一方面，谷歌、微软、脸书等面临着来自国外执法部门越来越多的执法请求，包括用户数据索取等；另一方面，由于新的加密手段的采用，网络平台与执法部门之间的冲突大大加剧，iPhone 解锁案和 WhatsApp 数据索取案是两个最典型的缩影。即使国外法庭已经判决两者应当配合执法部门，但他们依然拒绝或表示无能为力。面对网络服务加密的发展趋势，欧盟在考虑修改相关法律，以制约网络服务加密，保证执法部门在国家安全、恐怖主义、犯罪侦查等情况下，可以要求即时通信等 OTT 服务提供者提供协助，包括提供用户数据等。

2018 年 2 月，美国通过《澄清境外数据的合法使用法案》（外界普遍引用为 CLOUD 法案——*The Clarifying Lawful Overseas Use of Data Act*），旨在提高在执法过程中获取跨国界存储数据的能力，对包括 2013 年年底开始的微软与美国政府之间境外数据令状一案在内的执法困境做出立法回应，授权美国与符合条件的国家签订双边数据共享协议，该共享协议是双方共享数据的前提，美国云服务商被禁止向未签署协议的外国政府披露信息。

美国执法部门仅凭借法院数据搜查令就可以从美国云服务商那里获取存储在海外的数据，但前提是这些数据在美国云服务商的管理范围之内。

在国内，《反恐怖主义法》《网络安全法》等提出网络平台有执法配合与协助义务。在《反恐怖主义法》中规定，互联网服务提供者等网络平台有义务为公安机关、国家安全机关依法进行防范、调查恐怖活动提供技术接口和解密等技术支持和协助；在未尽到这项义务的情况下，将面临罚款等处罚。《网络安全法》将这项义务的适用范围扩大到了公安机关、国家安全机关依法维护国家安全和侦查犯罪的活动。

此外，网络平台还具有与网络安全相关的报告义务。例如，《网络安全法》规定：第一，将网络产品、服务存在的安全缺陷、漏洞等风险告知用户及主管部门；第二，将已经发生的或者可能发生的个人信息泄露事件告知用户及主管部门；第三，将网络安全事件告知主管部门。其他法律法规中也散落着类似的报告义务。

五、德国《改善社交网络执行法》

德国 1997 年颁布的《电信媒体法》是世界上最早针对互联网服务的单行法之一，其所确立的"避风港原则"及联邦最高法院的妨害者责任主要适用于侵权法和刑法领域。近年来，随着欧洲难民危机、恐怖袭击等事件的发生，德国司法部门逐步强化了对社交网络的管理。

2015 年 12 月，德国联邦司法部发起了一项"打击网络极端言论"的行动，在德国联邦司法部的领导下，其联合各部门及谷歌、脸书、推特等网络平台企业，针对网络上发布的极端仇恨言论及宣扬暴力的信息进行清理。各大网络平台对此做出承诺，在发现违法信息后尽可能在 24 小时之内封锁或删除该信息。德国青少年保护网（Jugendschutz.net）于 2016 年 4—5 月对网络平台履行封锁或删除义务进行评估，其评估结果并不能令人满意。评估方式主要是通过人工输入带有明显违法信息的关键词进行检索，向网络平台举报违法内容和发布用户相关信息。在 24 小时或 48 小时后，再次访问确认是否删除。德国司法部部长海科·马斯表示，社交网络必须在24小时内删除煽动、散布仇恨的不良信息，并进一步提高反应效率。言论自由是有界限的，社交网络用户必须遵守所在国家的法律[27, 28]。

德国对待国内网络平台基本采取自我规制、自律为主的立场，网络平台将根据和用户签订的服务合同（一般条款）进行相应的删除、屏蔽、删除账号等措施，主要依靠民法调整；在行政法领域，很少有行政机关要求网络平台承担行政法责任的案例，只有少数例外领域，如媒体法领域和赌博法领域。

2018年1月1日，德国《改善社交网络执行法》（简称《网络执行法》，*Act to Improve Enforcement of the Law in Social Networks*）生效，在中国国内引发关注。有媒体报道，"在德国拥有200万个以上用户的社交网络平台须自行承担责任，清理其平台上涉及诽谤、诋毁、新纳粹和暴力煽动内容，且社交网络平台必须在7日内删除用户举报的非法内容，明显的违法言论应在举报后24小时内删除或屏蔽，争议言论内容也必须在举报后7日内做出处理，否则将面临最高达5000万欧元的罚款。此外，社交媒体企业还需要每半年发布报告，公示用户举报数量及其处理情况。[29]"必须说明的是，这里有部分误读。

（1）就适用对象而言，并不是所有的网络平台都适用，只有以盈利为目的、以用户与其他用户或向公众分享任意内容为目的的社交网络平台，即UGC类平台才受该法约束。应当说明的是，第一，依据德国《电信媒体法》第7条所称的自己提供内容的服务主体，如新闻编辑发布平台并不适用；第二，在特定主体之间的信息通信，包括电子邮箱服务、即时通信服务不适用；第三，以传播特定内容为取向的平台也不适用，因此求职类社交平台、专业门户网站、网络游戏平台、电子商务平台等都不适用。

（2）《网络执行法》要求符合条件的社交网络平台应当确立一套透明、有效的处理程序，能够迅速接受并处理用户对平台上违法内容的举报和投诉。明显违法的内容应当在24小时内予以处理，其他违法内容应当在7日内删除或屏蔽。此前网络平台企业处理违法内容更多采取自律监管的各类措施，对外界而言处于"黑箱状态"，机制信息不透明，经常被诟病。

（3）明确具体界定什么是"违法内容"。主要限于德国《刑法》中明文规定的内容，包括：①散布违宪组织的宣传品（《刑法》第 86 条）；②使用违宪组织的标志（《刑法》第 86（1）条）；③准备或指导实施危害国家的严重暴力行为（《刑法》第 89（2）条、第 91 条）；④向他人或公众发布假新闻或虚假事实而严重危害国家外部安全（《刑法》第 100（1）条）；⑤公开煽动他人实施犯罪（《刑法》第 111 条）；⑥以实施犯罪相威胁扰乱公共安宁（《刑法》第 126 条）；⑦建立国内外犯罪组织或恐怖组织（《刑法》第 129（1）条、第 129（2）条）；⑧煽动族群仇恨（《刑法》第 130 条）；⑨传布美化暴力或伤害人的尊严的暴力作品（《刑法》第 131 条）；⑩酬报或赞许犯罪行为（《刑法》第 140 条）；⑪对信仰或世界观或其团体的辱骂（《刑法》第 166 条）；⑫传布或获取儿童色情作品（《刑法》第 184（2）条、第 184（4）条）；⑬侮辱（《刑法》第 185 条）；⑭恶意中伤（《刑法》第 186 条）；⑮诽谤（《刑法》第 187 条）；⑯制作或传布涉及他人高度私密生活领域的影像（《刑法》第 201（1）条）；⑰胁迫（《刑法》第 241 条）与伪造具有证据价值的资料（《刑法》第 269 条）[34]。

（4）对于普遍关注的 5000 万欧元的罚款，并不是针对网络社交平台对某条具体违法内容的判断失误或处理不当进行的，而是针对投诉与处理程序本身，即网络平台的自我管理、自我约束的机制是否实际有效、是否存在系统性失灵。若网络社交平台违反了关于报告制作与公布或者投诉处理程序的规定，可处最高 5000 万欧元的罚款（《网络执行法》第 4 条第（1）款第 1~6 项，第 4 条第（2）款）。另外，《网络执行法》要求行政机关不得自行做出这一决定，要接受司法控制。法院接受行政机关的申请而做出处罚决定，但不需要听取网络平台企业的争辩。因此，《网络执行法》实施后会给网络平台企业带来怎样的负担，也有待实践检验。

《网络执行法》在德国生效后，也引发较大争议，有人认为会对言论自由造成威胁。应该说，欧美国家对宪法上赋予公民的言论自由予以最高的制度保障。欧盟的《电子商务指令》明确禁止成员国立法要求网络服务提供者对网络信息内容承担一般性审查义务。因此，大多采取了依赖企业自律为主的模式。

近年来，随着欧洲难民潮涌入、反恐压力加大等原因，对社交网络言论的管控也成为各国面临的共同难题。但仍然需要强调的是，德国《改善社交网络执行法》的实施，并没有从根本上改变德国对网络信息监管侧重行业自律的基本模式，只是进一步强化了政府对网络社交平台自律机制的监管，并非用行政监管来彻底代替行业自律。

第五章
智能互联网时代的网络平台责任

05

第一节 "用户画像"构筑智能互联网时代基础

近年来,由于 GPU 的广泛应用、运算力的提升和机器学习新算法的出现,人工智能开始大爆发。无限拓展的云存储能力、云计算能力和骤然爆发的大数据的组合拳,也使得图像数据、文本数据、交易数据、映射数据全面海量爆发。人类大踏步进入崭新的 ABC(AI、Big Data、Cloud)时代,本章简称为"智能互联网时代"。

PC+互联网奠定了这个时代信息高速公路的基石,而手机、iPad 等智能终端的普及则把每个个体都捆绑在信息洪流中不能自拔。单个用户逐渐成为大数据时代的数据生产者,个人数据被记录、被分析,每个人都是有辨识度的节点。数据控制者通过数据分析对用户特征进行分类和用户画像,再通过算法推荐对个体采取差异化、针对性对待,专注点日益聚焦于怎样利用大数据来为精准营销服务,进而深入挖掘潜在的商业价值。"用户画像"和"算法推荐"概念随之诞生。用户画像是算法推荐甚至整个算法互联网时代的逻辑起点。

但在过去几年中,美国脸书数据门[1]、国内的支付宝晒账单、水滴直播等数据滥用或数据泄露事件的发生促使用户想要更多地控制他们的个人数据,也提高了用户对自身隐私保护的意识。

2017 年,73%的美国消费者表示他们对在线分享个人数据和身份盗用潜在可能性比较担心。人们愿意以个人数据换取个性化定制广告的数量比例从 37%下降到 27%。变化的原因在于,用户对公司保护数据的能力缺乏信心。而用户信心的缺失直接会威胁到媒体公司定向广告的增长。定向广告投放成功的关键就在于对用户互联网行为数据的获取,通过用户画像得到消费者的进一步信息。而如果消费者不愿意分享数据,就失去了这一可能。

德勤 2018 年 3 月发布的报告显示,"对用户来说,他们真正希望的是被收集的数据可以更加透明,并且自己可以掌握对它们的控制权。实际上,查看并控制个人数据的'权利'对用户而言可能比他们收到的实际服务更有价值。有 73%的消费者表示,如果他们能够看到数据如何被使用并可以掌握数据的使用,那么他们会更加乐于分享数据;93%的消费者认为他们应该获取自行删除在线数据的权限;76%的消费者表示,如果有必要,他们会选择在线删除所有的个人数据,即使这会对其产生负面影响。[30]"

一、用户画像的概念

用户画像(Profiling)是指对个人身份清晰的数字化呈现,也可以被认为是对用户模型的计算机展示。《韦氏词典》(*Merriam-Webster Dictionary*)中给出的定义为:通过某个人已知的特点和习惯,进而推断出更多关于这个人的信息的行为或程序。也就是说,用户画像(Consumer Profiling)是特指根据已经观察到的特点或行为来推测或定位到个人的活动[31]。我国目

---

1 2018 年 3 月 17 日,剑桥分析公司前员工向媒体曝光,通过剑桥大学心理学教授 2013 年在 Facebook 上投放的一则心理学测试,以每个参加用户获 5 美元报酬的代价,吸引 32 万个用户参与,并利用 Facebook 当时的隐私权限设置,允许访问好友的好友。

前只有《网络安全法》、《关于加强网络信息保护的决定》与《消费者权益保护法》等法律法规对个人信息保护有较为概括、原则性的规定。2018年，我国《个人信息保护法》立法工作被重视，是否界定用户画像以回应当前大数据时代的技术趋势，值得关注。

目前，世界各国针对用户画像问题单独定义、立法的情况较为少见。欧盟是明确提出用户画像的法律概念的先行者。在历经为期4年之久的准备和讨论之后，《一般数据保护条例》（*General Data Protection Regulation*，GDPR）于2016年4月14日由欧盟议会通过，并于2018年5月25日正式实施。GDPR在第4条第（4）款将"画像"（Profiling）定义为，"为评估与自然人相关的某些个人情况，对个人数据进行任何自动化处理、利用的方式，特别是针对与自然人的工作表现、经济状况、健康状况、个人偏好、兴趣、信用、习性、位置或行踪相关的分析和预测。"

根据此定义，GDPR下的用户画像应当具备3个要素特征。

（1）处理过程要实现自动化。GDPR第4条第（4）款涵盖任何形式的用户画像，而非第22条所描述的纯自动化处理。用户画像应当使用某种形式的自动化处理过程，但人力的使用并非必然会使其排除在GDPR用户画像定义之外。处理自动化要素反映，除了用户画像背后的技术支撑，由于数据体量庞大、涉及的门类众多等，单纯依靠人力无法实现用户画像。而正是因为计算机能够辅助甚至替代人工进行自动化处理，才使用户画像变得可行，一般来说用户画像使用的是人工智能技术。

（2）用户画像是针对个人信息进行的。这意味着用户画像的对象必须是和自然人相关的信息，对组织或法人的信息进行自动化处理、利用的情况不属于用户画像的范畴。

（3）用户画像必须是为评估自然人个人情况进行的。虽然在GDPR下的用户画像定义侧重强调其针对个人分析或预测的用途，但仅依靠年龄、性别、体重等个人特征进行的评估及分类也可能会被视作用户画像。

其他国家还没有立法明确规定用户画像的定义。美国在广告领域以行为广告的概念，对大数据分析下的广告精准投放行为提出类似定义。2009年美国联邦贸易委员会（Federal Trade Commission）发布《〈线上行为广告自律原则>工作报告》，其中对线上行为广告的定义为："追踪用户的线上行为来提供定制广告。[32]"美国广告代理协会、全国广告主协会、商业促进局委员会、直销协会、互动广告局等在内的相关行业协会在美国联邦贸易委员会发布的《<线上行为广告自律原则>工作报告》的基础上公布了细化的《线上行为广告自律原则》，其中对行为广告的定义为："从特定的计算机或设备及非关联网站持续收集与网络浏览行为有关的数据，用以通过从上述数据推测得出的偏好或兴趣预测用户的偏好或兴趣，进而向计算机或设备投放广告。[1]"美国学术组织世界隐私论坛在2014年的报告中将"用户评分"定义为，"描述个人或群体（如家庭）形象，并且预测用户行为、习惯或偏好。用户评分使用有关用户特征、过往行为及其他统计学模型属性的信息，生成数值分数、分数段或是/否型结论，通过用户评分来评估、划分用户。企业及政府使用评分来对用户或用户群体进行决策。决策的结果既可能无关紧要也可能极为重要，企业及其他用户评分的使用主体利用评分来预测欺诈、医疗费用，判断资格等各类用途。[33]"

与美国类似，对于用户画像的规制主要依靠行业自律。2011年的《澳大利亚线上行为广告最佳实务指南》[34]对在线行为广告的定义是，"基于预先做好的兴趣分类收集及使用线上行为广告数据来服务广告。线上行为广告并不收集、使用个人信息（Personal Information）。线上行为广告并不包含上下文广告（Contextual Advertising）、用户画像广告或地理定位。"此定义在2014年新指南中未进行修改。

二、用户画像的产业应用

利用大数据技术把用户分类标注后，如何进一步商业化，互联网行业做了很多探索。目前为止，主要应用场景包括精准广告投放、个人征信、网络新闻、网络保险等方面。

1　*Self-Regulatory Principles For Online Behavioral Advertising*，美国广告代理协会、全国广告主协会、商业促进局委员会、直销协会、互动广告局，2009年7月。

（一）程序化购买广告

程序化购买是指通过广告技术平台，自动地执行广告资源购买的流程。随着程序化购买的兴起，特别是 DSP（Demand-Side Platform，需求方平台）的诞生，互联网广告的投放方式由"购买广告位"转变为"购买目标受众"。广告位这个概念逐渐被淡化，广告主可以直接通过 DSP 购买目标受众，从而实现所谓的"精准营销"。

目标受众的区分主要基于其公开信息及网络行为数据，通过分析以上数据信息进行用户画像，进而向其投放对应的广告。这类广告投放活动称为精准广告投放，也称为程序化广告。程序化广告是用户画像技术在广告领域的典型应用。

随着互联网线上线下的不断融合，线上线下数据开始打通，是未来的一个趋势。2018 年腾讯、阿里巴巴、京东等都开始布局"智慧零售"，步步高、家乐福、万达广场等越来越多的传统零售企业积极考虑转型升级，部分领先企业已经着手应用包括人工智能、物联网、大数据在内的前沿科技。利用探针技术，获取用户的 MAC 地址，再通过大数据打通线上的行为数据，对线下具体场景的人群进行精准的定向营销，将会迎来爆发式增长。其本质仍是线下场景的数据营销。从另一方面讲，这种线下场景数据是对现有线上标签和用户画像的一种有效补充，随着物联网的发展，标签和用户画像将更多应用线下的数据，线下场景数据将会比单纯的线上浏览行为更有价值。未来，随着大批新技术进入应用爆发期，零售产业的各环节与科技不断进行新的融合，会加速零售在采购、生产、供应链、销售、服务等方面改善运营效率及用户体验。

以新浪微博为例，其旗下的广告产品可供广告主在微博信息流等区域投放广告，并可以实现"精准投放"：支持多维度、多属性地精准定位目标人群，支持年龄、性别、地域、兴趣等多种条件组合，以及高级数据功能。由此可见，这款广告产品是一款利用用户数据进行用户画像，从而实现程序化广告的典型产品。

根据新浪微博机器学习平台技术负责人的介绍可以看出，新浪微博通过人工智能技术具体是如何应用用户画像的："微博充分发挥了作为社交媒体的先天优势,以其平台所拥有的亿万级图片、视频和文本数据,刻画出了微博庞大的业务体系和用户画像。微博数据有内容数据和用户数据两类。内容数据包括图片、视频和文本等。对于这类数据的处理方法,一种是将内容数据映射到微博内容标签体系(微博内容标签体系分为 3 级,如一级的体育、二级的篮球、三级的金州勇士等),可解释性强,但存在一定歧义,准确性有待提高;另一种是对内容做 Embedding,通过 Embedding 向量做匹配或推荐,能够对内容更深入地理解,但是解释性较差。内容数据还有一个独特的点是内容发布人,即发微博者。在长期的实践中可以发现,社交网络和社交媒体中的发微博者有相对稳定的特征,在业务场景下简单有效。用户数据包括用户静态数据和用户行为数据,通过挖掘用户性别、年龄、地域、注册时间、账号类型、是否橙 V 等静态特征构建用户静态画像,通过分析用户在业务产品中的特定行为来构建用户行为画像,如用户一级兴趣标签、用户实时兴趣标签等。以上所述的内容数据和用户数据就是业界常说的特征,通过与模型的结合,能为微博 Feed 信息流、热门微博等场景带来显著的效果提升。其中,人工智能技术的部署应用,也为微博的整体技术架构带来了深刻的变化。[35]"

(二)个人征信

"征信本质上是对企业和个人行为的记录,通过模型去预测其未来的信用情况。在大数据时代背景下,除传统金融机构、政府部门等的数据之外,大量的非传统数据,如借款人的网购数据、社交数据、房租缴纳记录、典当行记录、用户申请信息等均可作为信用评价的考量因素,这类非结构数据是公司区别于传统征信方法的主要特点。充分考察借款人借款行为背后的线索及线索间的关联性,就可以提供深度、有效的数据分析服务,降低贷款违约率。[36]"例如,招商银行与京东金融推出的"京东金融小白信用卡",就以京东金融小白信用作为数据补充。

在个人征信领域,我国的牌照许可管理经历了一番转变,由允许民营企业试点转到官方统筹,多家民企少量参股、共商共建共享的模式。2015年 1 月 5 日,中国人民银行发布《关于做好个人征信业务准备工作的通知》,

要求芝麻信用管理有限公司、腾讯征信有限公司、深圳前海征信中心股份有限公司等8家机构开展个人征信业务试点。2018年1月初，中国人民银行发布公告称，百行征信有限公司（筹）的个人征信业务申请已经获得央行受理。百行征信有限公司是在人民银行指导下，由芝麻信用、腾讯征信、深圳前海征信等8家市场机构与市场自律组织——中国互联网金融协会一起按共商共建共享原则，共同发起组建的一家市场化个人征信机构，其中，中国互联网金融协会持股36%，其余此前进行试点的机构各持股8%[37]。

从信息和数据来源上说，百行征信主要"使用非银行消费者行为数据作为其个人征信信息来源"。根据经济观察网的报道，"百行征信使用大数据技术处理包括手机使用、出行及地点、购物活动等行为数据，补充政府现有的银行消费信用信息数据库。使用非银行交易的个人行为数据帮助银行为缺乏信用记录的消费者提供精准金融服务[38]"。《南方日报》进一步说明，这些信息来源于几大股东："此次持股参与发起'信联'的8家筹备机构的定位是数据服务商，按照信贷业务需求，提供其所拥有的社会信贷数据即可，生活场景等其他方面的数据目前无须共享[39]"。

（三）网络新闻及信息流

工业和信息化部国家工业信息安全发展研究中心2018年2月26日发布的《2017年中国网络媒体公信力调查报告》称，"2017年以人工智能、大数据、云计算、虚拟现实、网络直播等为代表的新技术不断催生网络新闻信息生产和传播的变革，充分激发了网络新闻媒体的创造性发展，构筑了中国网络新闻业发展的新格局与新生态。[40]"

在此背景下，中国的网络媒体也不断探索"大数据+新闻信息"的整体规划和场景化应用，催生了在互联网新闻信息的生产过程中备受关注的机器人新闻、算法推荐内容等技术型产品，同时也激发了以舆情研究、网络媒体数据分析为核心业务的新型互联网机构的创新活力[41]。此外，网络新闻生产在UGC（用户生产内容）、OGC（职业生产内容）、PGC（专业生产内容）、AAC（算法生产内容）4种常态化的新闻信息生产机制的背景下，机器人新闻（RGC）也成为当前中国网络新闻生产的一支重要力量，形成了"4+1"的新闻信息生产机制。

在美国,获取新闻资讯的方式与中国类似,但也存在一些差异。根据美国著名调查机构皮尤中心(Pew Center)2016年发布的一份关于民众如何获取新闻资讯的调查报告,81%的美国人从网站、应用软件或社交媒体上获取新闻资讯。

网络新闻算法推荐在中国最典型的代表是今日头条。根据今日头条网站介绍,它是一款基于数据挖掘的推荐引擎产品,它为用户推荐有价值的、个性化的信息,提供连接人与信息的新型服务。算法推荐新闻的价值观存在争论。争论一方认为,媒体必须要有特定的价值坚守,这需要人工加以干涉(坚守派);争论另一方认为,媒体应当保持中立,不应拘泥于特定的价值观,人工不应加以干涉(破除派)。2016—2018年,一些以算法为内核的娱乐化App风靡中国,通过"用户画像+算法推荐",很多用户沉迷其中不能自拔,引发社会舆论关注。2018年下半年开始,一些App凭借算法推测用户喜好,传播色情、暴力、低俗等不良信息,相关部门依法分别予以约谈、暂停更新、责令整改、暂停下载、永久关闭频道等处罚措施;主流媒体等也多次强调算法应当有价值观,需要进一步加强人工干预与审查,落实监管部门提出的"预防+技防+人防+群防"要求。

三、智能互联网时代网络平台的新型数据义务——以用户免受自动化决策为例

智能互联网时代最常见的商业模式是通过用户画像和自动化处理对个人进行精准标签和评价。虽然此种评价基于算法和大数据,在很多场景下比人工评价更高效、准确和客观,但仍然存在算法不透明、算法歧视、数据源错误等风险。因此,各国立法开始赋予用户免受自动化决策的权利。

欧盟《一般数据保护条例》(GDPR)于2018年5月25日实施,其中,关于个人信息保护确立了系列新权利,如纠正权、自主决定权、限制处理权、异议权、访问权等,既为用户个人权利提出新的保护视角,也为网络

平台责任提出进一步规制。其中，第 21 条、第 22 条规定的数据主体的拒绝权与免受自动化决策限制权饱受争议，但也开始在中国立法中看到类似规定。拒绝权是对 1995 年欧盟发布的《个人数据保护指令》中商业利用的反对权的延伸。GDPR 的此项规定不再限于商业利用的情况，在数据处理者合法处理数据的情况下，数据主体依然能够予以拒绝；但并不是数据控制者的所有合法处理行为数据主体都有权拒绝，仍限定在一定范围内[42]。免受自动化决策权，是指数据主体有权不受制于可能对其造成重大影响的采用自动化处理手段进行的决策或精准评价。GDPR 第 22 条规定，在对被评价的数据主体做出重大影响时，赋予数据主体免受自动化决策的权利。但这项权利并非绝对权，也存在一定的例外。

2018 年 6 月 28 日，美国加利福尼亚州州长签署公布了《加利福尼亚州消费者隐私法案》，并于 2020 年 1 月 1 日正式施行。该法案提出，企业不得因消费者行使了知情权、一定条件下的删除权、选择退出权等而歧视消费者。例如，①拒绝向消费者提供商品或服务；②为商品或服务收取不同的价格或费率，包括通过使用折扣或其他福利或处罚；③如果消费者根据本法行使消费者权利，则向消费者提供不同级别或质量的商品或服务；④暗示消费者将获得不同的商品或服务价格或费率，或者不同级别或质量的商品或服务。

在中国，类似的立法也开始出现，算法时代网络平台新型数据责任逐步形成。2018 年《电子商务法》第 18 条第（1）款规定，"电子商务经营者根据消费者的兴趣爱好、消费习惯等特征向其提供商品或者服务的搜索结果的，应当同时向该消费者提供不针对其个人特征的选项，尊重和平等保护消费者合法权益。"该法案可以规范"大数据杀熟"等社会热点问题，但也涵盖了精准广告在内的所有精准推荐模式。精准广告已经成为现有互联网广告的主流运行模式，支撑着 2017 年中国网络广告 3800 亿元的市场规模。如果允许用户免除自动化决策，将会对精准广告营销的市场规则产生颠覆性变更。在个人数据广泛被收集、大规模被泄露事件频发的背景下，民众的隐私期待显著升高。此类立法应运而生，对智能推荐时代的用户个人信息权利进行了丰富和立体式保护，让消费者在享受算法带来的便利的同时，也为消费者提供了一种新的选择，自主选择是否免受自动化决策的权利。

第二节　智能互联网背景下的网络平台责任再思考

1956年，几名计算机科学家相聚在达特茅斯会议，提出了"人工智能"的概念。其后，人工智能就一直萦绕于人们的脑海之中，并在科研实验室中慢慢孵化。大数据、云计算和人工智能在当今社会扮演着越来越重要的角色，参与交易、医疗诊治、司法辅助、个性化内容推荐等。智能算法在塑造人们的文化，影响人们的认知。以算法推荐为核心技术的推荐系统，通过对用户的浏览记录、上网行为等各类个性化数据进行精准分析，解读用户阅读习惯和兴趣偏好，从而为用户不断提供更具个性化的资讯产品服务，实现信息降噪。但算法推荐类产品为了不断增加用户黏性，留住更多的用户上网时长，会以用户偏好、浏览行为等为重要指标，不断优化选择用户可能更感兴趣的内容。用户容易沉浸在阅读舒适区，形成"信息茧房"，形成认知上的自我封闭及认知偏差。每一轮技术化的产品中都携带了具有本时代强烈烙印的文化特征，而文化的背后恰恰就是价值观、世界观的支撑。产品是文化的传播，产品成为文化的载体。产品传承着文化，也重新定义和传播着文化。

算法推荐信息流模式为什么能迅速吸引众多受众，20世纪50年代美国著名传播学者施拉姆在电视媒体兴起时已有解释。他面对受众为什么迅速沉溺到被动接受电视节目中，自愿成为"沙发土豆"的现象，提出了著名的"施拉姆公式"。施拉姆以经济学"最省力原理"为基础，提出受众选择传播媒介的概率遵循一个规律，即人类行为普遍存在用最小付出获得最大收益的基本准则，因此人们在接受媒介时，倾向于选择最容易理解的娱乐节目。今天，面对信息流推荐类产品的普及渗透率攀升，我们从中仍能得到重要启示。

此外，人们也在担心在深度学习模式下的"算法黑箱"会使社会在不可解释、不可理解的算法推动下加剧分裂。资讯聚合类客户端的算法主要用于给用户推荐新闻，它根据特定的编程，将用户的兴趣、社交、阅读终端等各类可能影响用户阅读的因素编入公式，根据计算结果为用户自动推送新闻。从不同算法的设计思路来看，大致可以分为 5 种：基于内容的推荐机制、基于兴趣的搜索机制、基于社交的推荐机制、基于相似用户的协同过滤机制、基于算法和人工混合的推荐机制。2018 年之前，算法究竟是否应该有价值观尚存争议。以往新闻传播学者对媒介伦理的研究也多集中在媒体从业者本身。主流的媒体社会责任理论主张通过新闻界的自律、政府的干预和公众的监督，促使新闻界履行负责任的自由，认为新闻媒体不仅担负着即时传播真实新闻的责任，更承担着舆论监督及道德导向的义务。

自 2018 年以来发生的代表性互联网企业的风波，从另一个侧面说明，技术产品本身会带有本时代群体及个体价值观的支撑。

一、脸书"数据门"事件简析

2018 年 3 月 17 日，脸书爆出"数据门"事件，近 8700 万个用户的数据被收集，并用户画像后用于政治目的，推送政治类广告及信息，进而影响 2016 年美国大选结果。此次事件引起社会一片哗然，脸书股价在该事件爆发后的第一个交易日下跌近 7%，创下过去 5 年单日最大跌幅，市值蒸发 430 亿美元。

剑桥大学心理学教授科根创办剑桥分析公司，以"心理学家开展研究应用"的名义在脸书发布了一款性格测试应用，脸书用户可使用其脸书账号授权登录该款应用，完成心理测试的用户可以获得 5 美元报酬。据统计约 27 万个用户参与了此项测试。该应用不仅收集了直接参与测试用户的姓名、性别、种族、年龄、住址、工作经历、教育背景、人际关系网络、参加活动记录、发表帖子记录、阅读帖子记录、点赞帖子记录等用户的多方面信息，同时由于参与测试用户的授权还获取了与参与者相关的公开数据。而彼时脸书对第三方数据授权的开放政策（在信息公开的设置中分为 3 个层次：仅发布者自己可见、发布者的朋友可见、发布者朋友的朋友可见），通过这些用户的关系链相互连接，最终获取了包括 32 万个参与用户及其好友信息在内的 8700 万个用户的个人信息，并进行数据分析。

2014 年 6 月，剑桥大学心理学教授违反脸书的协议，将前述约 8700 万个用户信息违规提供给剑桥分析公司。2015 年脸书曾要求剑桥分析公司删除数据，但其并未如约履行反而向脸书隐瞒实情，直至 2018 年 3 月该事件被媒体曝光。

2016 年 8 月底，崇尚技术完美主义的脸书宣布裁掉热门话题（Trending）的整个人工编辑团队，把热门话题的编辑、推荐和排名全都交给机器算法。但仅仅 3 天，平台上就出现了一则假新闻——热门话题上出现福克斯电视台主播 Megyn Kelly 因支持希拉里当选美国总统而被公司开除的假新闻，敏感话题加上名人效应，引起舆论哗然。待数小时后脸书发现并删除这个错误时，该假新闻已经获得了数千次转发和 20 万个"赞"，传播影响已经造成。2018 年 6 月初，脸书发表声明，即将下架饱受争议的"Trending"功能，以 3 个新功能代替。一是 Breaking News Label（重磅新闻）与北美、南美、欧洲、印度和澳大利亚的 80 余家媒体达成合作，让这些媒体在其中发布重要新闻，起到了规范新闻稿件来源的作用；二是 Today In（今日本地新闻）希望以地理位置为纽带进行新闻聚合，用户可以看到当地的最新消息；三是 News Video in Watch（视频新闻）可以让用户查看现场报道、深度新闻分析等，并只对 Watch 用户开放。通过这样的调整，从稿源库进行源头把关，希望提升新闻质量和时效性，从而减少假新闻。

此次脸书"数据门"事件引起广泛关注和批评，最为重要的一点是由 27 万个用户拓展至 8700 万个用户的数据泄露。从脸书数据授权管理的角度来看，有多个主要因素导致了事件发生。其一，脸书是一种实名开放并集合了用户多方面信息的网络社交模式，这意味着脸书的开放社交平台本身涉及大量个人信息，不仅包括性别、种族、年龄、教育背景等用户基本资料，还包括用户住址、人际关系网络、参加活动记录、发表帖子、阅读帖子及点赞帖子记录等附带个人心理、行为倾向的信息，存在被利用或爬取合并分析用户画像的风险。其二，脸书对其数据授权的管理宽松，向第三方提供的应用程序编程接口（API）权限过大，事实上导致第三方能够更加便利地获取包括用户及用户关系链好友的相关信息。其三，脸书的数据授权并未充分满足用户知情权。根据《卫报》消息，科根获取用户数据的方式主要分为 3 步：第一步，先在脸书上发布广告，以"有偿心理学研究"为名，以少量金钱奖励的方式吸引用户下载这款应用，且参与应用测试的条件是用户拥有 185 名以上的好友；第二步，参与测试的用户在亚马逊旗下网站进行答卷，问卷结尾处再次请求用户同意该软件查看其脸书政治目的；第三步，用户同意后，该软件开始收集用户资料。

二、网络平台责任的变与不变

智能互联网时代，我们重新审视网络平台责任，不禁有了新的思考——前面总结提炼的"网络平台类型化模型"，在智能互联网时代的产业背景和商业模式下是否依然成立？

（一）四点变化

应当看到，人们身处的产业环境基础、网络平台的主观过错基础、平台的中立性基础及对平台是否应当主动审查过滤传播内容的义务基础已悄然变更。

1. 互联网产业版权环境及版权意识整体增强

1998 年、1999 年前后兴起 P2P 文件共享传输技术，利用了点对点对等网络、无中心服务器、依靠用户间自由交换信息的互联网传输体系，以及在此基础上出现的 BitTorrent 协议（BT 下载）、eDonkey 网络（电驴网络）为代表的具体网络协议，这种分布式、非中心化信息传输方式类似的版权人很难对分享的版权内容实现有效控制。网络平台在此时能够扮演的角色也仅是传输的管道，对内容本身并没有直接控制的手段，网络盗版较为猖獗。据美国在线媒体测量公司 Big Champagne 估计，仅在 2004 年 3 月，在所有主要的 P2P 文件共享平台上流通的侵权电影文件就达 1700 万份，而美国电影产业的业内人士则普遍认为，每天有 300～500 万份侵权电影文件通过主要的 P2P 文件共享平台被下载。2006 年 1 月，3200 万美国人至少通过互联网下载过一部盗版电影，而 80%的人只通过 P2P 平台下载。

1996 年，被合称为版权领域的"互联网条约"的《世界知识产权组织版权条约》（WCT）和《世界知识产权组织表演和录音制品条约》（WPPT）获得通过。WCT 考虑到了网络环境下的传播行为，授予文学和艺术作品的作者向公众传播权（Right of Communication to the Public），WPPT 第 10 条授予表演者向公众提供固定在载体上表演的权利。数字权利管理（Digital Rights Management，DRM；控制作品访问、获取的技术措施）、电子权利管理信息等制度的确立，对于网络版权保护意义重大，加强了版权权利人在数字环境下对其版权作品的控制力度。美国作为 WCT 和 WPPT 的推动者和参加国，于 1998 年以修改版权法的形式将这两个国际版权条约中规定的 DRM、电子权利管理信息等制度体现在了《数字千年版权法》（DMCA）中，创立了"避风港原则"，并辅以严厉的民事责任和刑事责任，确保这些制度落到实处。

"避风港原则"发端于美国，并为世界很多国家的版权制度所参照。中国 2001 年《著作权法》修改、2006 年《信息网络传播权保护条例》的出台，也以立法的形式正式确立这些制度，引入"避风港原则"。确立通知-删除程序、红旗原则等核心制度，有效降低了网络服务提供者主动审查侵权事实的法定义务，通过通知-反通知程序，搭建版权人与网络用户之间的直接沟通渠道，降低了网络服务提供者对涉嫌侵权内容的实质审核要求，在很大程度上促进了互联网技术和产业的快速发展。而后，这一制度设计理念从版权领域延伸到提供网络存储、网络搜索、网络购物等其他领域。2018 年《电子商务法》第 41～45 条用较大篇幅完整描述了电子商务平台的"避风港原则"。

但 20 年来，随着各国版权保护力度的持续加强，网络版权产业经营环境发生显著变化，"避风港原则"创立时的产业基础悄然发生变化，商业模式从盗版冲突到正版运营成为主导。

国内外互联网巨头已经从用户间的版权纠纷无权处理、无能力处理而不要被牵连的被动角色，转为主动购买正版内容、主动封杀盗版的网络传播秩序的维护者，对法律规则的诉求发生了变化。

美国苹果公司 iTunes 联合五大唱片公司开出了数字内容付费下载的先河，利用 iPod 与 iTunes 相结合，以应用商店、软件、硬件、付费正版内容相串联，连接起整条业务线，向下渗透到用户、向上对内容提供商，逐渐形成自成体系的商业闭环。

在中国，随着版权行政执法和司法力量的加强，互联网行业正版化也走向规范，用户付费习惯逐渐养成。在网络音乐领域，QQ 音乐的数字专辑销售成绩显著，其独家发行周杰伦、张学友、周笔畅等歌手 40 多张数字专辑，累计销量达 900 万张。在电子书领域，除了亚马逊的 Kindle 电子书销售模式，国内京东网等在销售纸质图书的同时，也提供价格更为低廉的电子书。此外，在 QQ 阅读、微信读书等电子书平台，用户也可以付费下载阅读图书。在网络视频领域，搜狐视频第一个在业内举起了反盗版的大旗。在爱奇艺、腾讯视频尚未成立的 2009 年，搜狐视频就联手 110 家版权方，成立反盗版联盟。这场由搜狐牵头，持续数年的正版运动，让中国视频行业免予复制中国音乐产业的悲剧。但也正是正版化运动，不断抬高了国内版权大剧的费用，也让视频网站"烧钱"亏损之路越走越长，再一次印证了制度设计时辩证视角的重要性。

2. 大数据等新技术的应用使得网络平台对传输内容的掌控程度在提高，对侵权行为、侵权内容应当知道的可能性在扩大

由于 YouTube 用户上传的内容越来越多，版权成为集中讨论的话题。从 2007 年开始，谷歌就投入平台的审查检测技术——Content ID 的开发，以提供一套可行的版权及内容管理方式。YouTube 上线 Content ID 内容身份识别系统，拥有相关内容（音乐、电影、电视节目、视频游戏或其他受版权保护的内容）所有权的公司可以设置，以便禁止相关内容在 YouTube 上播放。当然，版权方也可允许非版权方相关视频继续在 YouTube 上存在并包含广告。在这些情况下，广告收入将属于对相应内容提出版权主张的版权所有者。收到 Content ID 版权主张，并不会对 YouTube 频道产生负面影响，其他人能否再利用版权所有者的原创内容，决定权在版权所有者手

上。在很多情况下，版权所有者会允许非版权方在 YouTube 视频中使用他们的内容。因为相关方使用版权方视频，有利于扩大版权视频的影响力，以便在这些视频中投放广告。这些广告可能会在视频播放前展示，或者在视频播放期间插播（如果视频长度超过 10 分钟）。

但是，如果版权所有者并不希望其他用户再利用自己的内容，则可能会采取几种行为。第一，禁播视频。版权所有者有时可能会禁播视频，这意味着用户将无法观看该视频。版权方可以决定是在全球范围内禁播视频，还是仅在某些国家/地区禁播相关视频。第二，将视频静音。如果该视频包含受版权保护的音乐，那么该音乐的版权所有者可能会选择将该视频静音。这意味着用户仍可以观看视频，但无法听到配乐。第三，在某些平台上禁播。版权所有者有时可能会设置限制，禁止其内容在某些设备、应用或网站上播放，但这些限制不会影响视频在 YouTube.com 上的观看设置。

而对于上传内容的用户来说，收到他人的版权主张，也可以采取不同应对措施。第一，不采取任何行动。第二，删除音乐。如果有人对视频中的音乐提出版权主张，则可以尝试移除该歌曲而不必编辑视频或上传新视频。第三，更换音乐。如果有版权方对用户上传的视频中的音乐提出版权主张，而用户仍想使用背景音乐，则可以将音轨改为 YouTube 提供的可随意使用的歌曲。第四，分享收益。如果上传用户已加入 YouTube 合作伙伴计划，并且在自己的视频中添加了音乐，那么该用户则可以与该乐曲的版权所有者分享收益。第五，对版权主张提出异议[50]。

此举将上游的版权方和 YouTube 联系起来。如果有第三方试图将受版权保护的文件副本再次上传，只需几秒钟 YouTube 的数据库就会完成对该副本的扫描比对，识别出是否对 YouTube 中已经收录的有权文件构成了侵权。这个数据库直接向版权方开放，让版权所有者成为判断如何处理的直接决策者。而 YouTube 开发提供的这套识别系统，也让 YouTube 越来越符合对网络侵权内容"应当知道"的场景。

在这样的场景下，假设一家互联网企业应用了盗版识别技术，识别出不符合权利人在先的版权要求，是很可能符合"应当知道"的情形的。按照《最高人民法院关于审理侵害信息网络传播权民事纠纷案件适用法律若干问题的规定》（法释〔2012〕20号）第8条第（2）款规定，网络服务提供者未对网络用户侵害信息网络传播权的行为主动进行审查的，人民法院不应据此认定其有过错。也就是说，网络服务提供者主动审查行为增加了"应当知道"的可能性。因此，网络平台不具有主观过错的抗辩空间在新技术的采用下反而被不断压缩。"避风港原则"的主观过错基础似乎被动摇。

在国内算法推荐的信息流短视频平台上，这一问题也逐渐显现出来，算法推荐下网络平台方"不知道也不应当知道"的抗辩理由不断被削弱。部分短视频平台将有版权的长视频切断成若干段视频，以"碎片化"方式上线传播，希望利用"通知-删除"的处理规则和"避风港原则"规避法律责任，引发业界争议。

2018年7月7日，上海市版权局和华东政法大学联合举办的"短视频版权与竞争问题研讨会"上，有代表表示："电影等作品一经发布，一到两个小时，短视频网站就上线了作品片段，并开始24小时不间断滚动更新，播放量巨大。在权利方发出侵权通知后，虽然侵权方会配合下线侵权视频，但随后可能又会在另一个时间点上线新的侵权内容。"目前侵权模式主要有3种：机器搜索爬取、自动分段、搬运；未经许可直接转载；用户剪辑、组成专辑、去水印、上传。资讯、短视频网站将上述3种来源的内容加以算法分析，向用户提供热播作品的片段。短视频平台再以"通知-删除"即免责为由，一般在24小时内删除，但短视频作品更新周期短，一旦被传播，即便删除，侵权损害已经造成，尤其对于跟播影视剧、体育赛事等内容来说，维权有时效要求。

表面上短视频网站只提供了一个平台，用户上传内容，侵权方是用户。但作为专门提供视频服务的平台，知道或应当知道传播内容为知名度较高的电影、影视剧、综艺节目等，对潜在侵权内容应当具有较高的注意义务。平台通过对侵权内容进行算法推荐，获得流量红利，获得巨额广告营销收入[1]，属于涉嫌"帮助"侵权范畴，构成此前提出的"网络平台类型化模型"

---

[1] 2018年4月23日，国家版权局网络版权产业研究基地发布的《中国网络版权产业发展报告（2018）》显示，短视频产业在2017年实现了迅猛增长，用户规模突破4.1亿个，同比增长115%；短视频市场用户流量与广告价值爆发，预计2020年短视频市场规模将超350亿元。

中的第二类网络平台，与上传侵权内容的用户构成共同侵权[1]。此外在某些特定情况下，大量内容除用户上传之外，不排除有平台方自行通过机器抓取、剪辑并伪装成 UGC 模式上传，通过算法推荐，依据用户喜好进行内容推送，获取经济利益。此种假设场景下，已经构成第三类直接参与经营活动的经营者，应当承担直接侵权责任。

《最高人民法院关于审理侵害信息网络传播权民事纠纷案件适用法律若干问题的规定》（法释〔2012〕20号）第7条规定，网络服务提供者在提供网络服务时教唆或者帮助网络用户实施侵害信息网络传播权行为的，人民法院应当判令其承担侵权责任。

网络服务提供者以言语、推介技术支持、奖励积分等方式诱导、鼓励网络用户实施侵害信息网络传播权行为的，人民法院应当认定其构成教唆侵权行为。

网络服务提供者明知或者应知网络用户利用网络服务侵害信息网络传播权，未采取删除、屏蔽、断开链接等必要措施，或者提供技术支持等帮助行为的，人民法院应当认定其构成帮助侵权行为。

第9条规定，人民法院应当根据网络用户侵害信息网络传播权的具体事实是否明显，综合考虑以下因素，认定网络服务提供者是否构成应知：

（一）基于网络服务提供者提供服务的性质、方式及其引发侵权的可能性大小，应当具备的管理信息的能力；

（二）传播的作品、表演、录音录像制品的类型、知名度及侵权信息的明显程度；

（三）网络服务提供者是否主动对作品、表演、录音录像制品进行了选择、编辑、修改、推荐等；

（四）网络服务提供者是否积极采取了预防侵权的合理措施；

（五）网络服务提供者是否设置便捷程序接收侵权通知并及时对侵权通知做出合理的反应；

---

1 最高人民法院关于审理侵害信息网络传播权民事纠纷案件适用法律若干问题的规定（法释〔2012〕20号）规定。

（六）网络服务提供者是否针对同一网络用户的重复侵权行为采取了相应的合理措施；

（七）其他相关因素。

第 10 条规定，网络服务提供者在提供网络服务时，对热播影视作品等以设置榜单、目录、索引、描述性段落、内容简介等方式进行推荐，且公众可以在其网页上直接以下载、浏览或者其他方式获得的，人民法院可以认定其应知网络用户侵害信息网络传播权。

3．网络平台方从侵权内容中分享收益，中立性变弱

如前所述，如果上传用户已加入 YouTube 合作伙伴计划，并且在自己的视频中添加了音乐，那么该用户则可以与该乐曲的版权所有者分享收益。而加入 YouTube 合作伙伴计划，也意味着可以分享符合条件的翻唱歌曲视频所产生的收益，当然，YouTube 也会是收益的分享方之一。算法推荐的信息流短视频平台通过侵权内容迅速聚集海量用户和流量红利，从而获得巨额广告营销收入。此时网络平台已经丧失单纯意义上管道和连接点的中立立场，中立性基础被动摇。

4．网络平台是否主动对传播内容进行审查过滤的义务基础变革

传统"避风港原则"坚持的是"通知-删除原则"。根据欧盟 2000 年《电子商务指令》（2000/31/EC 号指令）第 14 条、第 15 条的规定，网络内容共享服务提供商只需在接到著作权人通知后及时删除/屏蔽侵权链接，便不承担共同侵权责任，成员国不得要求上述服务商审查其平台上传播或存储的信息，也不得要求其主动监测存在非法活动的情形。

而近年各国通过制定规则，在虚假信息、恐怖主义、政治广告及版权等领域，纷纷加强网络服务提供者的记录、审核义务。2016 年欧盟委员会出台《数字化单一市场版权指令（草案）》，第 13 条的规定则迫使网络服务提供商积极监测其用户的内容，与《电子商务指令》及相关案例法相悖。2017 年 9 月，欧盟委员会发表公报，针对网络平台打击非法内容提出指导意见，以促使网络平台积极预防、监测和移除煽动仇恨、暴力和恐怖主义的在线非法内容。欧盟委员会在公报中表示，随着宣扬恐怖主义、仇外暴力和种族主义等网络言论的激增，网络平台需要加强社会责任感，在阻遏

非法内容传播方面发挥更重要的作用。2018 年 3 月，欧盟发布《关于有效处理在线非法内容的措施建议》，其中在线非法内容包括恐怖主义内容、煽动仇恨与暴力内容、儿童性虐待材料、非法仇恨言论、商业欺诈以及知识产权侵权内容。具体内容上，建议提出：要有更明确的"通知和行动"程序，要有更高效的技术支持，积极保障基本权利，特别关注小型企业，与当局紧密合作。对于恐怖主义内容，建议提出"一小时删除规则"，并建议平台改进系统并做定期报告。2018 年 9 月，欧盟议会投票通过《数字化单一市场版权指令》，对网站审核版权的职责做出规定，要求脸书、YouTube 等 UGC 类平台加强版权审核。2018 年 11 月，法国通过打击信息操纵的法案，旨在打击选举期间的虚假信息传播，可以让候选人或政党要求法官通过紧急审理叫停在全国选举之前的 3 个月内的"假新闻"传播，脸书和推特等数字平台在传播有偿广告时有透明的义务。法案要求新闻和社交网络平台建立起对假新闻的投诉和处理机制，建立政府直接监管与网络平台自律相结合的机制。

在我国也呈现这一变化，越来越多的网络平台相关立法，都赋予平台要主动发现违法信息内容的行政义务，不限于被动的通知-删除。

（二）两个不变

网络平台的传输介质性质并没有改变，整体制度设计的责任框架仍然要对网络平台和直接经营者进行根本区分，进行不同的责任设定。

1. 网络平台自身的介质属性没有改变

平台的传输介质性质没有改变，平台与直接经营者之间行为性质仍然存在本质区别。

美国 1996 年的《通信规范法》第 230 条、1998 年的《数字千年版权法》和欧盟 2000 年的《电子商务指令》等逐渐确立并影响至今的网络平台责任的起点——"避风港原则"，对网络平台责任确立的基本逻辑前提是，承认平台是节点，是连接点，是内容传输的管道，而非内容的生产者。网络平台在用户生产内容作品的商业模式中扮演的角色是网络服务提供者（ISP）。网络服务提供者是否为侵权行为承担责任有两个重要原则：一是"避风港原则",如果 ISP 被告知侵权,则有删除的义务,否则与侵权行为承担连带责任。二是红旗原则,ISP 只有在"不知道也没有合理的理由应当知道"盗版的存在时,才能获得"避风港原则"的庇护。

  2013 年我国《信息网络传播权保护条例》第 20～22 条[1]也是遵循这一原则,都是肯定了网络平台的链接点地位、传输介质地位而非内容提供商;网络平台主观上不知道也没有合理理由知道服务对象的作品侵权;客观上没有选择并没有改变所传输的作品,因此不承担赔偿责任。2013 年 1 月 1 日生效的《最高人民法院关于审理侵害信息网络传播权民事纠纷案件适用法

---

[1] 2013 年《信息网络传播权保护条例》第 20 条 网络服务提供者根据服务对象的指令提供网络自动接入服务,或者对服务对象提供的作品、表演、录音录像制品提供自动传输服务,并具备下列条件的,不承担赔偿责任:
(一) 未选择并且未改变所传输的作品、表演、录音录像制品;
(二) 向指定的服务对象提供该作品、表演、录音录像制品,并防止指定的服务对象以外的其他人获得。
  第 21 条 网络服务提供者为提高网络传输效率,自动存储从其他网络服务提供者获得的作品、表演、录音录像制品,根据技术安排自动向服务对象提供,并具备下列条件的,不承担赔偿责任:
(一) 未改变自动存储的作品、表演、录音录像制品;
(二) 不影响提供作品、表演、录音录像制品的原网络服务提供者掌握服务对象获取该作品、表演、录音录像制品的情况;
(三) 在原网络服务提供者修改、删除或者屏蔽该作品、表演、录音录像制品时,根据技术安排自动予以修改、删除或者屏蔽。
  第 22 条 网络服务提供者为服务对象提供信息存储空间,供服务对象通过信息网络向公众提供作品、表演、录音录像制品,并具备下列条件的,不承担赔偿责任:
(一) 明确标示该信息存储空间是为服务对象所提供,并公开网络服务提供者的名称、联系人、网络地址;
(二) 未改变服务对象所提供的作品、表演、录音录像制品;
(三) 不知道也没有合理的理由应当知道服务对象提供的作品、表演、录音录像制品侵权;
(四) 未从服务对象提供作品、表演、录音录像制品中直接获得经济利益;
(五) 在接到权利人的通知书后,根据本条例规定删除权利人认为侵权的作品、表演、录音录像制品。

律若干问题的规定》(法释〔2012〕20号)第6条也规定,人民法院认定网络服务提供者构成侵权的重要前提是其有过错。第8条进一步明确,过错包括对于网络用户侵害信息网络传播权行为的明知或者应知。网络服务提供者未对网络用户侵害信息网络传播权的行为主动进行审查的,人民法院不应据此认定其具有过错。网络服务提供者能够证明其已经采取合理、有效的技术措施,仍难以发现网络用户侵害信息网络传播权行为的,人民法院应当认定其不具有过错。

2018年9月12日,欧洲议会通过法律事务委员会关于《数字化单一市场版权指令》(以下简称《欧盟版权指令》)的提案,意味着这一提案将随后进入正式的立法讨论程序。若欧洲议会、欧盟理事会及欧盟委员会最终就这一提案达成共识,并正式颁布该指令,则欧盟各成员国都必须修改本国相关法律,以适应该法令的要求。《欧盟版权指令》草案最早由欧盟委员会于2016年9月14日发布,旨在促进内容创作者与互联网内容传播平台之间的合作,并缩小二者间的盈利差距。在最新版本中,该法令提出了几点影响巨大的新规定,包括:允许以科研为目的的数据挖掘行为(第3条),规定新闻出版者对其出版的新闻享有邻接权(第11条)等;第13条要求互联网平台服务商采取有效、适当的措施,如内容过滤系统等,阻止其用户上传侵犯著作权的内容,又被称为"内容过滤条款"。《欧盟版权指令》在版权保护的视角下,仍然坚持区分"内容创作者"与"在线内容分享服务提供者"。第13条明确规定[1],存储并向公众提供其用户上传内容的在线

---

1 《数字化单一市场版权指令》第13条规定:
   (一)存储并向公众提供其用户上传内容的在线内容共享服务提供商应采取有效、相称的措施,如内容过滤技术等,确保与著作权人签订的使用许可协议得到遵守,或是在著作权人的指认下停止传播侵权内容。同时,上述服务提供商应当向著作权人提供以下信息:上述措施的实施情况,以及其作品/其他受保护内容的甄别、使用情况;
   (二)成员国应确保,上述服务提供商为其用户提供投诉及救济机制,以防止上述措施的适用存在争议;
   (三)成员国应当促进在线内容共享服务提供商和著作权人之间的合作,通过双方对话确定最佳的措施,如内容识别技术。此外,确定最佳措施还应考虑网络服务的性质、技术的可用性,以及随着技术发展该措施的有效性;

内容共享服务提供商应采取有效、相称的措施，如内容过滤技术等，确保与著作权人签订的使用许可协议得到遵守，或是在著作权人的指认下停止传播侵权内容，并且在第 2 条第 5 项定义，"在线内容分享服务提供者"（Online Content Sharing Service Provider）是指：主要目的是向公众大量提供由其用户上传的内容，并通过整合或推广这些内容吸引更多用户，以此直接或间接牟利的在线服务，如音频/视频的在线浏览服务提供商。第 13 条规定不适用于：

（1）主要目的并非向用户提供受版权保护内容，并从中获利的服务提供商，如电子通信服务（包括互联网接入服务提供商）；

（2）仅供用户储存自用内容的云服务提供商，如 Cyberlockers；

（3）在线零售平台，如亚马逊、eBay 等；

（4）小型和微型企业（员工少于 50 人，年营业额或年度资产负债表不到 1000 万欧元的企业）；

（5）为非营利目的，存储和提供内容的网站，如在线百科全书、科学或教育资源库、代码托管平台等；

（6）主要目的是参与或促进版权盗版的服务。

2．归责的基本立场没有改变

既然区分内容发布者与网络平台的传输介质属性，则对内容发布者承担直接侵权、网络平台承担类似间接侵权或帮助侵权的基本规则立场也没有改变。因此我们认为，网络平台责任的整体框架体系并没有发生根本性变革。

通过以上分析可以看出，确立至今 20 年的网络平台责任在智能互联网时代，随着各类新技术的应用和商业模式的发展，其产业基础、主观过错基础和中立性、对传播内容的主动审查义务等方面都已经发生改变。但对于网络平台的传输介质性质并没有改变，整体的责任框架仍然要对网络平台和直接经营者进行根本区分。我们面对混业经营复杂的网络平台讨论其法律责任时，始终应当坚持从法律行为出发、回归到具体场景中，区分网络服务者到底是网络平台的角色还是直接经营者（内容提供者）角色，才能明确究竟承担怎样的法律责任。

三、由法定责任转向强制保险——以自动驾驶中责任分析为例

从国际象棋、围棋到医疗辅助诊断、司法辅助裁判、辅助驾驶甚至到自动驾驶,随着图像识别、语音识别等技术的发展,人工智能系统在交通、医疗、工业、服务业等越来越多的领域中逐步接近甚至未来可能超越人类认知判断水平,但随之而来的法律问题也引发了关注。

以自动驾驶汽车为例,国际汽车工程师协会(SAE International)将自动驾驶技术分为6个等级:非自动(Level 0)、驾驶员辅助(Level 1)、部分自动(Level 2)、有条件自动(Level 3)、高度自动(Level 4),以及完全自动(Level 5)。由于本节讨论智能互联网背景下的平台责任,因此以下讨论仅限于 Level 4 和 Level 5。当自动驾驶汽车达到 Level 4 或 Level 5 时,人类的使用者参与程度大大降低,甚至从使用者转换为乘客,不再需要对车况、路况进行监视,被完全释放出来后,一方面会衍生出又一个新的商业场景,而另一方面,此背景下发生的交通事故,已经无法完全沿用传统的侵权责任、产品责任等法律归责方式,当然对平台责任也提出新的挑战。

传统侵权责任的归责思路是过错在先,由于发生了损害结果,必须要有责任人承担责任、赔偿弥补损失,因此需要依据主观过错确定责任主体及法律责任的分担。

但在 Level 4 和 Level 5 自动驾驶场景下,人类使用者已经转换为乘客模式,可以自由支配自己在车上空间内的行为,对事故不存在过错,难以成为过错侵权的责任主体。而自动驾驶的汽车并不是有效法律主体,因此,当自动驾驶车辆发生侵权时,责任承担的考量路径只能转到产品责任,来考察自动驾驶汽车的生产者是否应该被扩张成为责任主体。

根据我国现行的《侵权责任法》《产品质量法》《消费者权益保护法》等规定,因产品存在缺陷造成他人损害的,被侵权人可以向产品的生产者或销售者请求赔偿。一般认为产品责任涉及消费者权益,为更好地有利于

弱势消费者的维权，将产品责任定义为无过错的严格责任，即不需要证明生产者或销售者是否有过错，只要产品存在缺陷，并造成损害事实的，生产者就应当承担侵权责任[43]，并且产品的生产者和销售者之间构成不真正连带责任，向被侵权人实际承担侵权责任的一方事后可以向有过错的另一方进行追偿。因此当 Level 4 以上的自动驾驶汽车发生事故造成人身或财产损失时，被侵权人可以向自动驾驶汽车的生产者或销售者主张产品缺陷责任。但应当能够证明，自动驾驶汽车作为产品本身有缺陷，有损害事实的发生，以及损害事实和汽车的产品缺陷之间存在因果关系。这对于受害人的举证责任要求较高。

此外，在当前主流的深度学习算法中，已经允许计算机从大量数据中学习，不需要人类程序员做出新的、具体的分布式指令，因此在机器学习中，算法基于从输出中得到的推论可能生成新的规则。这意味着深度学习的智能计算机可能会打破预先设定的规则，超出设计者的预期。这也是人们越来越担心人工智能系统的"算法黑箱"问题，其内部决策逻辑并不总是可以被理解和被解释的。当自动驾驶汽车发生交通事故时，人们可能很难查清事故背后的原因。

面对这一难题，一些国家开始探索。例如，美国佛罗里达州、密歇根州等涉及自动驾驶的立法规定，"车辆在被第三方改成自动驾驶汽车后，车辆的原始制造商不对自动驾驶汽车的缺陷负责，除非有证据证明车辆在被改造前就已经存在缺陷。"德国监管机构要求汽车厂商在自动驾驶汽车中安装黑匣子，以便事故发生后判定法律责任，开展保险理赔工作。

2017 年，欧盟法律事务委员会提出一些立法建议。第一，对智能机器人造成的损害也应当有责任。不应当因损害是由非人类行为人造成的而限制受害人可能获得的赔偿。第二，最终确立的责任主体，应当与机器人的自主程度相匹配，自主性或学习能力越强，其他主体的责任就越低；机器人被教育的时间持续越长，"教育者"所应当负担的责任就越大。第三，尝试智能机器人强制保险制度，要求智能机器人的制造商和所有者购买强制保险。第四，考虑设立赔偿基金，作为强制保险制度的补充，对未被保险覆盖的损害进行补充赔偿。第五，配套考虑是否建立机器人登记制度和考虑机器人的法律地位问题。

由于机器学习、深度学习算法的普遍应用，涉及自动驾驶以及日后更多领域的智能机器人侵权损害赔偿问题可能会越来越突出，现有的法律责任体系框架难以纳入，欧盟讨论的强制保险制度和赔偿基金的思路，为我们思考网络平台责任又增添了新的思考维度。

结论

本书从网络平台发展的历史背景入手，结合网络新闻、网络广告、共享出行、电子商务、O2O 等多种业务场景，依照利益相关性原则创造性地提出"网络平台类型化模型"，将网络服务提供者划分为不参与经营活动的网络平台、部分参与经营活动的网络平台和直接参与经营的网络运营者三类，并从民事责任、行政责任、刑事责任 3 个维度，坚持从法律行为出发、回归到具体场景中分析法律责任的逻辑路径。

本书的研究视野拉长了时间线，从网络平台的初级阶段延展到智能互联网阶段，拓宽了研究国际视野，对美国、欧盟等平台责任的立法规定做全面考察，最后提出在智能互联网时代网络平台责任的研究的"四变与两不变"的思考——确立至今近 20 年的网络平台"避风港原则"在智能互联网时代，随着各类新技术的应用和商业模式的发展，出现四点变化：第一，互联网产业版权环境及版权意识整体变强；第二，大数据等新技术的应用使得网络平台对传输内容的掌控程度提高，对其主观过错的抗辩空间变小；第三，网络平台方从侵权内容中分享收益，中立性变弱；第四，网络平台是否主动对传播内容进行审查过滤的义务变强。此外，对网络平台责任问题研究已经越来越不能简单地用"过错侵权+赔偿责任"的方式来处理。人工智能无人驾驶领域的民事赔偿责任已经找到新的突破——因"算法黑箱"、深度学习等导致的算法内部决策逻辑并不总是可以被理解和被解释的，欧盟尝试用强制保险制度和赔偿基金弥补受害人损失的思路来代替，不再纠结于主观过错和责任主体。

但最核心的两个因素没有改变：第一，网络平台自身的传输介质属性没有改变；第二，归责的基本立场没有改变，对内容发布者承担直接侵权责任，网络平台承担类似间接侵权或帮助侵权责任。

因此，网络平台责任的整体框架体系并没有发生根本性变革。我们面对混业经营复杂的网络平台讨论其法律责任时，始终应当坚持从法律行为出发、回归到具体场景中，其到底是网络平台角色还是直接经营者（内容提供者）角色，才能明确其究竟承担怎样的法律责任。

附　录

第一节　我国网络平台法律责任制度摘编

一、民事

1. 全国人大常委会《中华人民共和国侵权责任法》2009年12月26日公布

【网络侵权】第36条　网络用户、网络服务提供者利用网络侵害他人民事权益的，应当承担侵权责任。

网络用户利用网络服务实施侵权行为的，被侵权人有权通知网络服务提供者采取删除、屏蔽、断开链接等必要措施。网络服务提供者接到通知后未及时采取必要措施的，对损害的扩大部分与该网络用户承担连带责任。

网络服务提供者知道网络用户利用其网络服务侵害他人民事权益，未采取必要措施的，与该网络用户承担连带责任。

2. 最高人民法院《关于审理侵害信息网络传播权民事纠纷案件适用法律若干问题的规定》2012年12月17日公布

【间接侵权】第7条　网络服务提供者在提供网络服务时教唆或者帮助网络用户实施侵害信息网络传播权行为的，人民法院应当判令其承担侵权责任。

网络服务提供者以言语、推介技术支持、奖励积分等方式诱导、鼓励网络用户实施侵害信息网络传播权行为的，人民法院应当认定其构成教唆侵权行为。

网络服务提供者明知或者应知网络用户利用网络服务侵害信息网络传播权，未采取删除、屏蔽、断开链接等必要措施，或者提供技术支持等帮助行为的，人民法院应当认定其构成帮助侵权行为。

【明知应知要件】第 8 条　人民法院应当根据网络服务提供者的过错，确定其是否承担教唆、帮助侵权责任。网络服务提供者的过错包括对于网络用户侵害信息网络传播权行为的明知或者应知。

网络服务提供者未对网络用户侵害信息网络传播权的行为主动进行审查的，人民法院不应据此认定其具有过错。

网络服务提供者能够证明已采取合理、有效的技术措施，仍难以发现网络用户侵害信息网络传播权行为的，人民法院应当认定其不具有过错。

【应知判断标准】第 9 条　人民法院应当根据网络用户侵害信息网络传播权的具体事实是否明显，综合考虑以下因素，认定网络服务提供者是否构成应知：

第一，基于网络服务提供者提供服务的性质、方式及其引发侵权的可能性大小，应当具备的管理信息的能力。

第二，传播的作品、表演、录音录像制品的类型、知名度及侵权信息的明显程度。

第三，网络服务提供者是否主动对作品、表演、录音录像制品进行了选择、编辑、修改、推荐等。

第四，网络服务提供者是否积极采取了预防侵权的合理措施。

第五，网络服务提供者是否设置便捷程序接收侵权通知并及时对侵权通知作出合理的反应。

第六，网络服务提供者是否针对同一网络用户的重复侵权行为采取了相应的合理措施。

第七，其他相关因素。

【应知判断情形】第 10 条　网络服务提供者在提供网络服务时，对热播影视作品等以设置榜单、目录、索引、描述性段落、内容简介等方式进行推荐，且公众可以在其网页上直接以下载、浏览或者其他方式获得的，人民法院可以认定其应知网络用户侵害信息网络传播权。

【注意义务标准】第 11 条　网络服务提供者从网络用户提供的作品、表演、录音录像制品中直接获得经济利益的，人民法院应当认定其对该网络用户侵害信息网络传播权的行为负有较高的注意义务。

网络服务提供者针对特定作品、表演、录音录像制品投放广告获取收益，或者获取与其传播的作品、表演、录音录像制品存在其他特定联系的经济利益，应当认定为前款规定的直接获得经济利益。网络服务提供者因提供网络服务而收取一般性广告费、服务费等，不属于本款规定的情形。

【提供信息储存空间服务的侵权判断】第 12 条　有下列情形之一的，人民法院可以根据案件具体情况，认定提供信息存储空间服务的网络服务提供者应知网络用户侵害信息网络传播权：

第一，将热播影视作品等置于首页或者其他主要页面等能够为网络服务提供者明显感知的位置的。

第二，对热播影视作品等的主题、内容主动进行选择、编辑、整理、推荐，或者为其设立专门的排行榜的。

第三，其他可以明显感知相关作品、表演、录音录像制品为未经许可提供，仍未采取合理措施的情形。

【通知-未删除承担责任】第 13 条　网络服务提供者接到权利人以书信、传真、电子邮件等方式提交的通知，未及时采取删除、屏蔽、断开链接等必要措施的，人民法院应当认定其明知相关侵害信息网络传播权行为。

【删除之及时性要件】第 14 条　人民法院认定网络服务提供者采取的删除、屏蔽、断开链接等必要措施是否及时，应当根据权利人提交通知的形式，通知的准确程度，采取措施的难易程度，网络服务的性质，所涉作品、表演、录音录像制品的类型、知名度、数量等因素综合判断。

3．国务院《信息网络传播权保护条例》2006 年 5 月 18 日公布，2013 年 1 月 30 日修订

【通知-删除规则】第 14 条　对提供信息存储空间或者提供搜索、链接服务的网络服务提供者，权利人认为其服务所涉及的作品、表演、录音录像制品，侵犯自己的信息网络传播权或者被删除、改变了自己的权利管理

电子信息的，可以向该网络服务提供者提交书面通知，要求网络服务提供者删除该作品、表演、录音录像制品，或者断开与该作品、表演、录音录像制品的链接。通知书应当包含下列内容：

第一，权利人的姓名（名称）、联系方式和地址。

第二，要求删除或者断开链接的侵权作品、表演、录音录像制品的名称和网络地址。

第三，构成侵权的初步证明材料。

权利人应当对通知书的真实性负责。

【通知-删除规则】第 15 条　网络服务提供者接到权利人的通知书后，应当立即删除涉嫌侵权的作品、表演、录音录像制品，或者断开与涉嫌侵权的作品、表演、录音录像制品的链接，并同时将通知书转送提供作品、表演、录音录像制品的服务对象；服务对象网络地址不明、无法转送的，应当将通知书的内容同时在信息网络上公告。

【反通知-恢复规则】第 16 条　服务对象接到网络服务提供者转送的通知书后，认为其提供的作品、表演、录音录像制品未侵犯他人权利的，可以向网络服务提供者提交书面说明，要求恢复被删除的作品、表演、录音录像制品，或者恢复与被断开的作品、表演、录音录像制品的链接。书面说明应当包含下列内容：

第一，服务对象的姓名（名称）、联系方式和地址。

第二，要求恢复的作品、表演、录音录像制品的名称和网络地址。

第三，不构成侵权的初步证明材料。

服务对象应当对书面说明的真实性负责。

【反通知-恢复规则】第 17 条　网络服务提供者接到服务对象的书面说明后，应当立即恢复被删除的作品、表演、录音录像制品，或者可以恢复与被断开的作品、表演、录音录像制品的链接，同时将服务对象的书面说明转送权利人。权利人不得再通知网络服务提供者删除该作品、表演、录音录像制品，或者断开与该作品、表演、录音录像制品的链接。

4．全国人大常委会《中华人民共和国消费者权益保护法》1993 年 10 月 31 日公布，2013 年 10 月 25 日修订

【网络交易平台提供者的责任】第 44 条　消费者通过网络交易平台购买商品或者接受服务，其合法权益受到损害的，可以向销售者或者服务者要求赔偿。网络交易平台提供者不能提供销售者或者服务者的真实名称、地址和有效联系方式的，消费者也可以向网络交易平台提供者要求赔偿；网络交易平台提供者作出更有利于消费者的承诺的，应当履行承诺。网络交易平台提供者赔偿后，有权向销售者或者服务者追偿。

网络交易平台提供者明知或者应知销售者或者服务者利用其平台侵害消费者合法权益，未采取必要措施的，依法与该销售者或者服务者承担连带责任。

【虚假广告相关责任人的责任】第 45 条　消费者因经营者利用虚假广告或者其他虚假宣传方式提供商品或者服务，其合法权益受到损害的，可以向经营者要求赔偿。广告经营者、发布者发布虚假广告的，消费者可以请求行政主管部门予以惩处。广告经营者、发布者不能提供经营者的真实名称、地址和有效联系方式的，应当承担赔偿责任。

广告经营者、发布者设计、制作、发布关系消费者生命健康商品或者服务的虚假广告，造成消费者损害的，应当与提供该商品或者服务的经营者承担连带责任。

社会团体或者其他组织、个人在关系消费者生命健康商品或者服务的虚假广告或者其他虚假宣传中向消费者推荐商品或者服务，造成消费者损害的，应当与提供该商品或者服务的经营者承担连带责任。

5．全国人大常委会《中华人民共和国食品安全法》2009 年 2 月 28 日公布，2018 年 12 月 29 日修改

【制止、报告、停止服务的义务】第 62 条　网络食品交易第三方平台提供者应当对入网食品经营者进行实名登记，明确其食品安全管理责任；依法应当取得许可证的，还应当审查其许可证。

网络食品交易第三方平台提供者发现入网食品经营者有违反本法规定行为的，应当及时制止并立即报告所在地县级人民政府食品安全监督管理

部门；发现严重违法行为的，应当立即停止提供网络交易平台服务。

【连带责任】第 131 条　违反本法规定，网络食品交易第三方平台提供者未对入网食品经营者进行实名登记、审查许可证，或者未履行报告、停止提供网络交易平台服务等义务的，由县级以上人民政府食品安全监督管理部门责令改正，没收违法所得，并处五万元以上二十万元以下罚款；造成严重后果的，责令停业，直至由原发证部门吊销许可证；使消费者的合法权益受到损害的，应当与食品经营者承担连带责任。

消费者通过网络食品交易第三方平台购买食品，其合法权益受到损害的，可以向入网食品经营者或者食品生产者要求赔偿。网络食品交易第三方平台提供者不能提供入网食品经营者的真实名称、地址和有效联系方式的，由网络食品交易第三方平台提供者赔偿。网络食品交易第三方平台提供者赔偿后，有权向入网食品经营者或者食品生产者追偿。网络食品交易第三方平台提供者作出更有利于消费者承诺的，应当履行其承诺。

6. 全国人大常委会《电子商务法》2018 年 8 月 31 日公布

【连带、相应责任】第 38 条　电子商务平台经营者知道或者应当知道平台内经营者销售的商品或者提供的服务不符合保障人身、财产安全的要求，或者有其他侵害消费者合法权益行为，未采取必要措施的，依法与该平台内经营者承担连带责任。

对关系消费者生命健康的商品或者服务，电子商务平台经营者对平台内经营者的资质资格未尽到审核义务，或者对消费者未尽到安全保障义务，造成消费者损害的，依法承担相应的责任。

【通知-删除规则】第 42 条　知识产权权利人认为其知识产权受到侵害的，有权通知电子商务平台经营者采取删除、屏蔽、断开链接、终止交易和服务等必要措施。通知应当包括构成侵权的初步证据。

电子商务平台经营者接到通知后，应当及时采取必要措施，并将该通知转送平台内经营者；未及时采取必要措施的，对损害的扩大部分与平台内经营者承担连带责任。

【知识产权的义务】第 45 条　电子商务平台经营者知道或者应当知道平台内经营者侵犯知识产权的，应当采取删除、屏蔽、断开链接、终止交易和服务等必要措施；未采取必要措施的，与侵权人承担连带责任。

二、刑事

全国人大《刑法修正案（九）》2015 年 8 月 9 日公布

【拒不履行网络安全管理义务罪】第 286 条之一，网络服务提供者不履行法律、行政法规规定的信息网络安全管理义务，经监管部门责令采取改正措施而拒不改正，有下列情形之一的，处三年以下有期徒刑、拘役或者管制，并处或者单处罚金：

第一，致使违法信息大量传播的。

第二，致使用户信息泄露，造成严重后果的。

第三，致使刑事案件证据灭失，情节严重的。

第四，有其他严重情节的。

单位犯前款罪的，对单位判处罚金，并对其直接负责的主管人员和其他直接责任人员，依照前款的规定处罚。

"有前两款行为，同时构成其他犯罪的，依照处罚较重的规定定罪处罚。

【帮助信息网络犯罪活动罪】第 287 条之二，明知他人利用信息网络实施犯罪，为其犯罪提供互联网接入、服务器托管、网络存储、通讯传输等技术支持，或者提供广告推广、支付结算等帮助，情节严重的，处三年以下有期徒刑或者拘役，并处或者单处罚金。

单位犯前款罪的，对单位判处罚金，并对其直接负责的主管人员和其他直接责任人员，依照第一款的规定处罚。

有前两款行为，同时构成其他犯罪的，依照处罚较重的规定定罪处罚。

【非法利用信息网络罪】第 287 条之一，利用信息网络实施下列行为之一，情节严重的，处三年以下有期徒刑或者拘役，并处或者单处罚金：

第一，设立用于实施诈骗、传授犯罪方法、制作或者销售违禁物品、管制物品等违法犯罪活动的网站、通讯群组的。

第二，发布有关制作或者销售毒品、枪支、淫秽物品等违禁物品、管制物品或者其他违法犯罪信息的。

第三，为实施诈骗等违法犯罪活动发布信息的。

单位犯前款罪的，对单位判处罚金，并对其直接负责的主管人员和其他直接责任人员，依照第一款的规定处罚。

三、行政

1. 文化部《关于加强网络游戏产品内容审查工作的通知》2004 年 5 月 14 日发布

【删除、备份、报告的义务】第 9 条　网络游戏产品进口、运营单位应当加强运营管理，避免在产品运营过程中产生《互联网文化管理暂行规定》禁止的内容。由于非进口、运营单位的原因，产生禁止内容的，进口、运营单位要立即对禁止内容进行删除处理，重要问题予以备份并及时向文化部报告。

2. 国家版权局、信息产业部《互联网著作权行政保护办法》2005 年 4 月 29 日发布

【记录信息、保存、提供的义务】第 6 条　互联网信息服务提供者收到著作权人的通知后，应当记录提供的信息内容及其发布的时间、互联网地址或者域名。互联网接入服务提供者应当记录互联网内容提供者的接入时间、用户账号、互联网地址或者域名、主叫电话号码等信息。

前款所称记录应当保存 60 日，并在著作权行政管理部门查询时予以提供。

第 15 条　互联网信息服务提供者未履行《互联网著作权行政保护办法》第 6 条规定的义务，由国务院信息产业主管部门或者省、自治区、直辖市电信管理机构予以警告，可以并处三万元以下罚款。

3. 信息产业部《互联网电子邮件服务管理办法》2006 年 2 月 20 日发布（已撤销）

【删除信息、保存记录、提供的义务】第 10 条　互联网电子邮件服务提供者应当记录经其电子邮件服务器发送或者接收的互联网电子邮件的发

送或者接收时间、发送者和接收者的互联网电子邮件地址及 IP 地址。上述记录应当保存 60 日，并在国家有关机关依法查询时予以提供。

【记录、保存、提供的义务】第 21 条　未履行本办法第 6 条、第 7 条、第 8 条、第 10 条规定义务的，由信息产业部或者通信管理局依据职权责令改正，并处五千元以上一万元以下的罚款。

4．商务部《网络购物服务规范》2009 年 4 月 2 日发布

网络购物信息监管。

【监督、举报、通报的义务】网络购物平台提供商应建立商品销售信息监控和网络举报机制，实现交易方等对网络销售商品和过程信息的监督和违法举报，严重情况下需通报公安部门等进行处理。

【删除信息、保存记录的义务】网络购物平台提供商有责任审核和监控交易方发布的商品信息、公开论坛和用户反馈栏中的信息，对于知道或被告知存在有害或违法信息的应当立即予以删除，保存有关记录。

【及时删除的义务】如有第三方主张网络购物平台中的信息或公开论坛、用户反馈等栏目中的信息侵犯其合法权益，在第三人提供其身份证明、事实证明和具体网络链接地址的情况下，网络购物平台提供商应当予以及时删除。

5．商务部《网络交易服务规范》2009 年 4 月 2 日发布

网络交易信息监管。

【审核、监控信息；删除信息、保存记录的义务】网络交易平台提供商有责任审核和监控交易方发布的商品信息、公开论坛和用户反馈栏中的信息，对有害或违法信息应当立即予以删除，并保存有关记录。

【及时删除的义务】如有第三方主诉网络交易平台中的信息或公开论坛、用户反馈等栏目中的信息侵犯其合法权益，在该诉求方提供其身份证明、事实证明和具体网络链接地址的情况下，网络交易平台提供商应当予以及时删除。

【举报、报告的义务】网络交易平台提供商应建立商品或服务违规举报机制，实现交易方等对网络销售假冒伪劣商品或服务进行及时的违规举报，并在严重情况下报告国家有关部门进行处理。

6．商务部《电子商务模式规范》2009年4月2日公布

【监控、报告的义务】 3.5 应建立可疑商品销售监控机制。

电子商务经营者应建立可疑商品销售监控机制。成立专门监控机构开展商品销售信息监控工作，重点监控销售违禁品、超低价商品等内容。发现可疑情况，及时报告有关部门调查处理。

【收集线索、反映情况的义务】 3.9 应建立网络欺诈举报机制。

应当对商户进行法律风险提示，向公众事先提示交易风险。应建立网络欺诈举报机制。建立网络欺诈举报平台，收集网民对电子商务违法犯罪的举报线索，及时向有关部门反映情况。

7．全国人大常委会《关于维护互联网安全的决定》2009年8月27日公布

【停止传输、报告的义务】七、各级人民政府及有关部门要采取积极措施，在促进互联网的应用和网络技术的普及过程中，重视和支持对网络安全技术的研究和开发，增强网络的安全防护能力。有关主管部门要加强对互联网的运行安全和信息安全的宣传教育，依法实施有效的监督管理，防范和制止利用互联网进行的各种违法活动，为互联网的健康发展创造良好的社会环境。从事互联网业务的单位要依法开展活动，发现互联网上出现违法犯罪行为和有害信息时，要采取措施，停止传输有害信息，并及时向有关机关报告。任何单位和个人在利用互联网时，都要遵纪守法，抵制各种违法犯罪行为和有害信息。人民法院、人民检察院、公安机关、国家安全机关要各司其职，密切配合，依法严厉打击利用互联网实施的各种犯罪活动。要动员全社会的力量，依靠全社会的共同努力，保障互联网的运行安全与信息安全，促进社会主义精神文明和物质文明建设。

8．文化部《网络游戏管理暂行办法》2010年6月3日公布，2017年12月15日修订，2019年7月23日废止

【停止服务、保存记录、报告的义务】第25条 网络游戏经营单位发现网络游戏用户发布违法信息的，应当依照法律规定或者服务协议立即停止为其提供服务，保存有关记录并向有关部门报告。

第35条 网络游戏经营单位违反本办法第8条第（2）款、第12条第

（3）款、第 13 条第（2）款、第 23 条第（1）款、第 25 条规定的，由县级以上文化行政部门或者文化市场综合执法机构责令改正，并可根据情节轻重处一万元以下罚款。

9．新闻出版总署《关于促进出版物网络发行健康发展的通知》2010 年 12 月 7 日公布

【采取措施制止、报告的义务】八、建立出版物网络交易平台应向所在地省、自治区、直辖市新闻出版行政部门备案，接受新闻出版行政部门的指导与监督管理。

提供出版物网络交易平台服务的经营者，应当对申请通过网络交易平台从事出版物发行的经营主体身份进行审查，确保注册姓名和地址的真实性。

提供出版物网络交易平台服务的经营者，应当建立经营证照核查制度。核实经营主体的营业执照、《出版物经营许可证》《音像制品经营许可证》，并留存证照复印件备查。不得向无证无照、证照不齐的经营者提供网络交易平台服务。

提供出版物网络交易平台服务的经营者，发现在网络交易平台内从事各类违法违禁活动的，应当采取有效措施予以制止，并及时向所在地新闻出版行政部门报告。

10．国务院《互联网信息服务管理办法》2000 年 9 月 20 日公布

【停止传输、保存记录、报告的义务】第 16 条　互联网信息服务提供者发现其网站传输的信息明显属于本办法第 15 条所列内容之一的，应当立即停止传输，保存有关记录，并向国家有关机关报告。

第 23 条　违反本办法第 16 条规定的义务的，由省、自治区、直辖市电信管理机构责令改正；情节严重的，对经营性互联网信息服务提供者，并由发证机关吊销经营许可证，对非经营性互联网信息服务提供者，并由备案机关责令关闭网站。

11．文化部《互联网文化管理暂行规定》2011 年 2 月 17 日公布，2017 年 12 月 15 日修订

【停止提供、保存记录、报告的义务】第 19 条　互联网文化单位发现所提供的互联网文化产品含有本规定第 16 条所列内容之一的，应当立即停

止提供，保存有关记录，向所在地省、自治区、直辖市人民政府文化行政部门报告并抄报文化部。

【记录备份、保存、提供的义务】第 20 条　互联网文化单位应当记录备份所提供的文化产品内容及其时间、互联网地址或者域名；记录备份应当保存 60 日，并在国家有关部门依法查询时予以提供。

第 30 条　经营性互联网文化单位违反本规定第 19 条的，由县级以上人民政府文化行政部门或者文化市场综合执法机构予以警告，责令限期改正，并处一万元以下罚款。

第 31 条　违反本规定第 20 条的，由省、自治区、直辖市电信管理机构责令改正；情节严重的，由省、自治区、直辖市电信管理机构责令停业整顿或者责令暂时关闭网站。

12. 商务部《第三方电子商务交易平台服务规范》2011 年 4 月 12 日公布

【信息审查、及时删除、警告的义务】6.4　对交易信息的管理。

平台经营者应对其平台上的交易信息进行合理谨慎的管理：

第一，在平台上从事经营活动的，应当公布所经营产品的名称、生产者等信息；涉及第三方许可的，还应公布许可证书、认证证书等信息。

第二，网页上显示的商品信息必须真实。对实物（有形）商品，应当从多角度多方位予以展现，不可对商品的颜色、大小、比例等做歪曲或错误的显示；对于存在瑕疵的商品应当给予充分的说明并通过图片显示。发现站内经营者发布违反法律、法规广告的，应及时采取措施制止，必要时可以停止对其提供网上交易平台服务。

第三，投诉人提供的证据能够证明站内经营者有侵权行为或发布违法信息的，平台经营者应对有关责任人予以警告，停止侵权行为，删除有害信息，并可依照投诉人的请求提供被投诉人注册的身份信息及联系方式。

第四，平台经营者应承担合理谨慎信息审查义务，对明显的侵权或违法信息，依法及时予以删除，并对站内经营者予以警告。

13．工业和信息化部《规范互联网信息服务市场秩序若干规定》2011年12月29日公布

【补救、报告并配合调查处理的义务】第12条　互联网信息服务提供者应当妥善保管用户个人信息；保管的用户个人信息泄露或者可能泄露时，应当立即采取补救措施；造成或者可能造成严重后果的，应当立即向准予其互联网信息服务许可或者备案的电信管理机构报告，并配合相关部门进行的调查处理。

【报告的义务】第15条　互联网信息服务提供者认为其他互联网信息服务提供者实施违反本规定的行为，侵犯其合法权益并对用户权益造成或者可能造成重大影响的，应当立即向准予该其他互联网信息服务提供者互联网信息服务许可或者备案的电信管理机构报告。

第18条　互联网信息服务提供者违反本规定第8条、第9条、第10条、第11条、第12条或者第14条的规定的，由电信管理机构依据职权处以警告，可以并处一万元以上三万元以下的罚款，向社会公告。

第19条　互联网信息服务提供者违反本规定第15条规定，不执行电信管理机构暂停有关行为的要求的，由电信管理机构依据职权处以警告，向社会公告。

14．全国人大常委会《关于加强网络信息保护的决定》2012年12月28日发布

【停止传输、保存记录、报告的义务】五、网络服务提供者应当加强对其用户发布的信息的管理，发现法律、法规禁止发布或者传输的信息的，应当立即停止传输该信息，采取消除等处置措施，保存有关记录，并向有关主管部门报告。

十一、对有违反本决定行为的，依法给予警告、罚款、没收违法所得、吊销许可证或者取消备案、关闭网站、禁止有关责任人员从事网络服务业务等处罚，记入社会信用档案并予以公布；构成违反治安管理行为的，依法给予治安管理处罚。构成犯罪的，依法追究刑事责任。侵害他人民事权益的，依法承担民事责任。

15．国务院《信息网络传播权保护条例》2006 年 5 月 18 日公布，2013 年 1 月 30 日修订

【提供资料的义务】第 13 条　著作权行政管理部门为了查处侵犯信息网络传播权的行为，可以要求网络服务提供者提供涉嫌侵权的服务对象的姓名（名称）、联系方式、网络地址等资料。

第 25 条　网络服务提供者无正当理由拒绝提供或者拖延提供涉嫌侵权的服务对象的姓名（名称）、联系方式、网络地址等资料的，由著作权行政管理部门予以警告；情节严重的，没收主要用于提供网络服务的计算机等设备。

16．工业和信息化部《电信和互联网用户个人信息保护规定》2013 年 7 月 16 日公布

【报告并配合调查处理的义务】第 14 条　电信业务经营者、互联网信息服务提供者保管的用户个人信息发生或者可能发生泄露、毁损、丢失的，应当立即采取补救措施；造成或者可能造成严重后果的，应当立即向准予其许可或者备案的电信管理机构报告，配合相关部门进行的调查处理。

电信管理机构应当对报告或者发现的可能违反本规定的行为的影响进行评估；影响特别重大的，相关省、自治区、直辖市通信管理局应当向工业和信息化部报告。电信管理机构在依据本规定作出处理决定前，可以要求电信业务经营者和互联网信息服务提供者暂停有关行为，电信业务经营者和互联网信息服务提供者应当执行。

17．文化部《网络文化经营单位内容自审管理办法》2013 年 8 月 12 日公布

【实时监管、停止提供、保存记录、报告的义务】第 10 条　网络文化经营单位应当通过技术手段对网站（平台）运行的产品及服务的内容进行实时监管，发现违规内容的要立即停止提供，保存有关记录，重大问题向所在地省级文化行政部门报告。

第 14 条　对未按本办法实施自审制度的网络文化经营单位，由县级以上文化行政部门或者文化市场综合执法机构依照《互联网文化管理暂行规定》第 29 条的规定予以处罚。

18．全国人大常委会《中华人民共和国消费者权益保护法》1993 年 10 月 31 日公布，2013 年 10 月 25 日修订

【连带责任】第 44 条　消费者通过网络交易平台购买商品或者接受服务，其合法权益受到损害的，可以向销售者或者服务者要求赔偿。网络交易平台提供者不能提供销售者或者服务者的真实名称、地址和有效联系方式的，消费者也可以向网络交易平台提供者要求赔偿；网络交易平台提供者作出更有利于消费者的承诺的，应当履行承诺。网络交易平台提供者赔偿后，有权向销售者或者服务者追偿。

网络交易平台提供者明知或者应知销售者或者服务者利用其平台侵害消费者合法权益，未采取必要措施的，依法与该销售者或者服务者承担连带责任。

19．国家工商行政管理总局《网络交易管理办法》2014 年 1 月 26 日公布

【报告、制止、停止服务的义务】第 26 条　第三方交易平台经营者应当对通过平台销售商品或者提供服务的经营者及其发布的商品和服务信息建立检查监控制度，发现有违反工商行政管理法律、法规、规章的行为的，应当向平台经营者所在地工商行政管理部门报告，并及时采取措施制止，必要时可以停止对其提供第三方交易平台服务。

工商行政管理部门发现平台内有违反工商行政管理法律、法规、规章的行为，依法要求第三方交易平台经营者采取措施制止的，第三方交易平台经营者应当予以配合。

第 50 条　违反本办法第 7 条第（2）款、第 23 条、第 25 条、第 26 条第（2）款、第 29 条、第 30 条、第 34 条、第 35 条、第 36 条、第 38 条规定的，予以警告，责令改正，拒不改正的，处以一万元以上三万元以下的罚款。

20．国家工商行政管理总局《网络交易平台经营者履行社会责任指引》2014 年 5 月 28 日公布

【报告、采取措施制止、停止服务的义务】第 17 条　网络交易平台经营者应建立信息检查和不良信息处理制度，对于发现有违反法律法规和规

章的行为，应向有关部门报告，并及时采取措施制止，必要时可以停止对其提供网络交易平台服务。同时，网络交易平台经营者还应积极配合监管部门依法查处相关违法违规行为。

网络交易平台经营者应采取技术手段屏蔽侵犯知识产权和制售假冒伪劣等违法商品信息，及时排查隐患，处理违法违规行为，发现苗头性、倾向性、危害性严重的问题及时上报。

21．国家食品药品监督管理总局《互联网食品药品经营监督管理办法（征求意见稿)》2014 年 5 月 28 日公布

【建立并执行管理措施的义务】第 24 条 第三方交易平台经营者自身从事互联网食品药品经营的，应当遵守第二章互联网食品药品经营者的规定。

第三方交易平台经营者应当根据保证食品药品安全的需要，建立并执行经营主体审查登记、产品信息发布审核、平台内交易管理规则、交易安全保障、应急事件处理、消费者权益保护等管理措施。

【检查；采取措施制止、报告、停止服务的义务】第 26 条 第三方交易平台经营者应当建立巡察制度，设置专门的管理机构或者指定专职管理人员，对发布的信息以及经营的食品药品进行检查，对发布虚假信息、夸大宣传、超范围经营等违法行为以及发现食品药品质量问题或者其他安全隐患，应当及时采取措施制止，并向食品药品监督管理部门报告，必要时可以停止提供第三方交易平台服务。

【停止销售、协助召回的义务】第 30 条 第三方交易平台经营者对食品药品监督管理部门公布的问题食品药品，应当及时采取停止销售、协助召回等措施。

第 54 条 违反本办法第 24 条至第 30 条的，责令改正，并处以一万元以上三万元以下罚款；在限定期限内拒不改正、情节严重的，依法撤销互联网药品交易服务资格证书，移送通信管理部门停止其接入服务或者关闭违法网站。

22．国务院互联网信息办公室《互联网用户账号名称管理规定》2015年2月4日公布

【采取措施的义务】第 7 条　互联网信息服务使用者以虚假信息骗取账号名称注册，或者其账号头像、简介等注册信息存在违法和不良信息的，互联网信息服务提供者应当采取通知限期改正、暂停使用、注销登记等措施。

【注销账号、报告的义务】第 8 条　对冒用、关联机构或社会名人注册账号名称的，互联网信息服务提供者应当注销其账号，并向互联网信息内容主管部门报告。

第 9 条　对违反本规定的行为，由有关部门依照相关法律规定处理。

23．国家食品药品监督管理总局《食品召回管理办法》2015年3月11日公布

【采取措施停止服务的义务】第 10 条　网络食品交易第三方平台提供者发现网络食品经营者经营的食品属于不安全食品的，应当依法采取停止网络交易平台服务等措施，确保网络食品经营者停止经营不安全食品。

24．全国人大常委会《食品安全法》2015年4月24日公布，2018年12月29日修订

【制止、报告、停止服务的义务】第 62 条　网络食品交易第三方平台提供者应当对入网食品经营者进行实名登记，明确其食品安全管理责任；依法应当取得许可证的，还应当审查其许可证。

网络食品交易第三方平台提供者发现入网食品经营者有违反本法规定行为的，应当及时制止并立即报告所在地县级人民政府食品安全监督管理部门；发现严重违法行为的，应当立即停止提供网络交易平台服务。

第 131 条　违反本法规定，网络食品交易第三方平台提供者未对入网食品经营者进行实名登记、审查许可证，或者未履行报告、停止提供网络交易平台服务等义务的，由县级以上人民政府食品安全监督管理部门责令改正，没收违法所得，并处五万元以上二十万元以下罚款；造成严重后果的，责令停业，直至由原发证部门吊销许可证；使消费者的合法权益受到损害的，应当与食品经营者承担连带责任。

消费者通过网络食品交易第三方平台购买食品，其合法权益受到损害

的,可以向入网食品经营者或者食品生产者要求赔偿。网络食品交易第三方平台提供者不能提供入网食品经营者的真实名称、地址和有效联系方式的,由网络食品交易第三方平台提供者赔偿。网络食品交易第三方平台提供者赔偿后,有权向入网食品经营者或者食品生产者追偿。网络食品交易第三方平台提供者作出更有利于消费者承诺的,应当履行其承诺。

25. 全国人大常委会《广告法》2015年4月24日修订,2018年10月26日修正

【制止违法广告的义务】第45条 公共场所的管理者或者电信业务经营者、互联网信息服务提供者对其明知或者应知的利用其场所或者信息传输、发布平台发送、发布违法广告的,应当予以制止。

第64条 违反本法第45条规定,公共场所的管理者和电信业务经营者、互联网信息服务提供者,明知或者应知广告活动违法不予制止的,由工商行政管理部门没收违法所得,违法所得五万元以上的,并处违法所得一倍以上三倍以下的罚款,违法所得不足五万元的,并处一万元以上五万元以下的罚款;情节严重的,由有关部门依法停止相关业务。

26. 国家互联网信息办公室《互联网新闻信息服务单位约谈工作规定》2015年4月28日公布

第4条 互联网新闻信息服务单位有下列情形之一的,国家互联网信息办公室、地方互联网信息办公室可对其主要负责人、总编辑等进行约谈:

第一,未及时处理公民、法人和其他组织关于互联网新闻信息服务的投诉、举报情节严重的。

第二,通过采编、发布、转载、删除新闻信息等谋取不正当利益的。

第三,违反互联网用户账号名称注册、使用、管理相关规定情节严重的。

第四,未及时处置违法信息情节严重的。

第五,未及时落实监管措施情节严重的。

第六,内容管理和网络安全制度不健全、不落实的。

第七,网站日常考核中问题突出的。

第八,年检中问题突出的。

第九,其他违反相关法律法规规定需要约谈的情形。

27．国务院办公厅《关于运用大数据加强对市场主体服务和监管的若干意见》2015 年 7 月 1 日公布

【明确电子商务平台责任】（十五）加强对电子商务领域的市场监管。明确电子商务平台责任，加强对交易行为的监督管理，推行网络经营者身份标识制度，完善网店实名制和交易信用评价制度，加强网上支付安全保障，严厉打击电子商务领域违法失信行为。加强对电子商务平台的监督管理，加强电子商务信息采集和分析，指导开展电子商务网站可信认证服务，推广应用网站可信标识，推进电子商务可信交易环境建设。健全权益保护和争议调处机制。

28．国家新闻出版广电总局《互联网视听节目服务管理规定》2015 年 8 月 28 日修订

【删除、保存记录、报告的义务】第 18 条　广播电影电视主管部门发现互联网视听节目服务单位传播违反本规定的视听节目，应当采取必要措施予以制止。互联网视听节目服务单位对含有违反本规定内容的视听节目，应当立即删除，并保存有关记录，履行报告义务，落实有关主管部门的管理要求。

互联网视听节目服务单位主要出资者和经营者应对播出和上载的视听节目内容负责。

第 27 条　互联网视听节目服务单位出现重大违法违规行为的，除按有关规定予以处罚外，其主要出资者和经营者自互联网视听节目服务单位受到处罚之日起 5 年内不得投资和从事互联网视听节目服务。

29．国家工商行政管理总局《网络商品和服务集中促销活动管理暂行规定》2015 年 9 月 2 日公布

【报告、采取措施制止、停止服务公示的义务】第 7 条　网络集中促销组织者应当对网络集中促销经营者的促销活动进行检查监控，发现有违反工商行政管理法律、法规、规章的行为的，应当向平台经营者所在地工商行政管理部门报告，并及时采取措施制止，必要时可以停止对其提供第三方交易平台服务，并予公示。

第 19 条　网络集中促销组织者违反本规定第 6 条规定的，依照《网络交易管理办法》第 50 条的规定查处。

30．国务院《关于加快构建大众创业万众创新支撑平台的指导意见》2015 年 9 月 26 日公布

【明确信息内容管理、网络安全方面的责任和义务】（十五）建立健全监管制度。适应新业态发展要求，建立健全行业标准规范和规章制度，明确四众平台企业在质量管理、信息内容管理、知识产权、申报纳税、社会保障、网络安全等方面的责任、权利和义务。（质检总局、新闻出版广电总局、知识产权局、税务总局、人力资源社会保障部、国家网信办、工业和信息化部等负责）因业施策，加快研究制定重点领域促进四众发展的相关意见。（交通运输部、邮政局、人民银行、证监会、银监会、卫生计生委、教育部等负责）

31．国务院办公厅《关于加强互联网领域侵权假冒行为治理的意见》2015 年 10 月 26 日公布

【违法犯罪线索报告、配合反追溯的义务】（七）落实电子商务企业责任。指导和督促电子商务平台企业加强对网络经营者的资格审查，建立健全网络交易、广告推广等业务和网络经营者信用评级的内部监控制度，制止以虚假交易等方式提高商户信誉的行为，建立完善举报投诉处理机制，实施侵权假冒商品信息巡查清理及交易记录、日志留存，履行违法犯罪线索报告等责任和义务，配合执法部门反向追溯电子商务平台上的侵权假冒商品经营者。指导和督促电子商务自营企业加强内部商品质量管控和知识产权管理，严把进货和销售关口，严防侵权假冒商品进入流通渠道和市场。（公安部、文化部、海关总署、工商总局、质检总局、新闻出版广电总局、食品药品监管总局、林业局、知识产权局按职责分工分别负责）

32．国家新闻出版广电总局、工业和信息化部《网络出版服务管理规定》2016 年 2 月 4 日公布

【删除、保存记录并报告的义务】第 33 条　网络出版服务单位发现其出版的网络出版物含有本规定第 24 条、第 25 条所列内容的，应当立即删除，保存有关记录，并向所在地县级以上出版行政主管部门报告。

【记录、保存并提供的义务】第 34 条　网络出版服务单位应记录所出版作品的内容及其时间、网址或者域名，记录应当保存 60 日，并在国家有关部门依法查询时，予以提供。

第 55 条　违反本规定第 34 条的，根据《互联网信息服务管理办法》第 21 条的规定，由省级电信主管部门责令改正；情节严重的，责令停业整顿或者暂时关闭网站。

33．国务院《出版管理条例》2001 年 12 月 25 日公布，2016 年 2 月 6 日修订

【身份审查、许可证验证的义务】第 36 条　通过互联网等信息网络从事出版物发行业务的单位或者个体工商户，应当依照本条例规定取得《出版物经营许可证》。

提供网络交易平台服务的经营者应当对申请通过网络交易平台从事出版物发行业务的单位或者个体工商户的经营主体身份进行审查，验证其《出版物经营许可证》。

34．国务院《电信条例》2000 年 9 月 25 日公布，2016 年 2 月 6 日修订

【管理、保存记录和报告的义务】第 61 条　在公共信息服务中，电信业务经营者发现电信网络中传输的信息明显属于本条例第 56 条所列内容的，应当立即停止传输，保存有关记录，并向国家有关机关报告。

35．国家发展和改革委员会（含原国家发展计划委员会、原国家计划委员会），国家质量监督检验检疫总局《能源效率标识管理办法》2016 年 2 月 29 日公布

【采取措施制止的义务】第 16 条　销售者（含网络商品经营者）应当建立并执行进货检查验收制度，验明列入《目录》的用能产品能效标识，不得销售应当标注而未标注能效标识的产品。

第三方交易平台（场所）经营者对通过平台（场所）销售的列入《目录》的用能产品应当建立能效标识检查监控制度，发现违反本办法规定行为的，应当及时采取措施制止。

36．全国人大《慈善法》2016 年 3 月 16 日公布

【证书验证的义务】第 27 条　广播、电视、报刊以及网络服务提供者、

电信运营商，应当对利用其平台开展公开募捐的慈善组织的登记证书、公开募捐资格证书进行验证。

第 101 条　开展募捐活动有下列情形之一的，由民政部门予以警告、责令停止募捐活动；对违法募集的财产，责令退还捐赠人；难以退还的，由民政部门予以收缴，转给其他慈善组织用于慈善目的；对有关组织或者个人处二万元以上二十万元以下罚款：

第一，不具有公开募捐资格的组织或者个人开展公开募捐的。

第二，通过虚构事实等方式欺骗、诱导募捐对象实施捐赠的。

第三，向单位或者个人摊派或者变相摊派的。

第四，妨碍公共秩序、企业生产经营或者居民生活的。

广播、电视、报刊以及网络服务提供者、电信运营商未履行本法第 27 条规定的验证义务的，由其主管部门予以警告，责令限期改正；逾期不改正，予以通报批评。

37. 国家工商行政管理总局《流通领域商品质量监督管理办法》2016 年 3 月 17 日公布

【监督、停止服务、配合监督管理的义务】第 21 条　商品经营柜台出租者、商品展销会举办者、网络交易平台提供者、广播电视购物平台经营者，应当对申请进入其经营场所或者平台销售商品的经营者的主体资格履行审查登记义务。

商品经营柜台出租者、商品展销会举办者、网络交易平台提供者、广播电视购物平台经营者接到工商行政管理部门责令停止销售通知或者公告后，应当要求并监督销售者停止销售相关商品，及时停止为相关商品提供入场经营或者平台服务，配合工商行政管理部门做好监督管理工作。

第 33 条　商品经营柜台出租者、商品展销会举办者、网络交易平台提供者、广播电视购物平台经营者对申请进入其经营场所或者平台销售商品的经营者的主体资格未履行审查登记义务，或者拒绝协助工商行政管理部门对涉嫌违法行为采取措施、开展调查的，责令改正；拒不改正的，处一万元以上三万元以下的罚款。

38. 国家新闻出版广电总局、商务部《出版物市场管理规定》2016 年 5 月 31 日公布

【保留记录；采取措施制止、报告的义务】第 26 条 为出版物发行业务提供服务的网络交易平台应向注册地省、自治区、直辖市人民政府出版行政主管部门备案，接受出版行政主管部门的指导与监督管理。

备案材料包括下列书面材料：

第一，营业执照正副本复印件。

第二，单位基本情况。

第三，网络交易平台的基本情况。

省、自治区、直辖市人民政府出版行政主管部门应于 10 个工作日内向备案的网络交易平台出具备案回执。

提供出版物发行网络交易平台服务的经营者，应当对申请通过网络交易平台从事出版物发行业务的经营主体身份进行审查，核实经营主体的营业执照、出版物经营许可证，并留存证照复印件或电子文档备查。不得向无证无照、证照不齐的经营者提供网络交易平台服务。

为出版物发行业务提供服务的网络交易平台经营者应建立交易风险防控机制，保留平台内从事出版物发行业务经营主体的交易记录两年以备查验。对在网络交易平台内从事各类违法出版物发行活动的，应当采取有效措施予以制止，并及时向所在地出版行政主管部门报告。

第 37 条 违反本规定，有下列行为之一的，由出版行政主管部门责令停止违法行为，予以警告，并处三万元以下罚款：

第一，未能提供近两年的出版物发行进销货清单等有关非财务票据或者清单、票据未按规定载明有关内容的。

第二，超出出版行政主管部门核准的经营范围经营的。

第三，张贴、散发、登载有法律、法规禁止内容的或者有欺诈性文字、与事实不符的征订单、广告和宣传画的。

第四，擅自更改出版物版权页的。

第五，出版物经营许可证未在经营场所明显处张挂或者未在网页醒目位置公开出版物经营许可证和营业执照登载的有关信息或者链接标识的。

第六，出售、出借、出租、转让或者擅自涂改、变造出版物经营许可证的。

第七，公开宣传、陈列、展示、征订、销售或者面向社会公众发送规定应由内部发行的出版物的。

第八，委托无出版物批发、零售资质的单位或者个人销售出版物或者代理出版物销售业务的。

第九，未从依法取得出版物批发、零售资质的出版发行单位进货的。

第十，提供出版物网络交易平台服务的经营者未按本规定履行有关审查及管理责任的。

第十一，应按本规定进行备案而未备案的。

第十二，不按规定接受年度核验的。

39. 全国人大常委会《网络安全法》2016 年 11 月 7 日发布

【管理、保存记录和报告的义务】第 47 条　网络运营者应当加强对其用户发布的信息的管理，发现法律、行政法规禁止发布或者传输的信息的，应当立即停止传输该信息，采取消除等处置措施，防止信息扩散，保存有关记录，并向有关主管部门报告。

【设立制度和及时处理投诉的义务】第 49 条　网络运营者应当建立网络信息安全投诉、举报制度，公布投诉、举报方式等信息，及时受理并处理有关网络信息安全的投诉和举报。网络运营者对网信部门和有关部门依法实施的监督检查，应当予以配合。

【管理和保存记录的义务】第 50 条　国家网信部门和有关部门依法履行网络信息安全监督管理职责，发现法律、行政法规禁止发布或者传输的信息的，应当要求网络运营者停止传输，采取消除等处置措施，保存有关记录；对来源于中华人民共和国境外的上述信息，应当通知有关机构采取技术措施和其他必要措施阻断传播。

第 68 条　网络运营者违反本法第 47 条规定，对法律、行政法规禁止发布或者传输的信息未停止传输、采取消除等处置措施、保存有关记录的，由有关主管部门责令改正，给予警告，没收违法所得；拒不改正或者情节严重的，处十万元以上五十万元以下罚款，并可以责令暂停相关业务、停业整顿、关闭网站、吊销相关业务许可证或者吊销营业执照，对直接负责的主管人员和其他直接责任人员处一万元以上十万元以下罚款。

电子信息发送服务提供者、应用软件下载服务提供者，不履行本法第 48 条第 2 款规定的安全管理义务的，依照前款规定处罚。

40．全国人大常委会《电子商务法》2018 年 8 月 31 日公布

【提供信息、报告的义务】第 28 条 电子商务平台经营者应当按照规定向市场监督管理部门报送平台内经营者的身份信息，提示未办理市场主体登记的经营者依法办理登记，并配合市场监督管理部门，针对电子商务的特点，为应当办理市场主体登记的经营者办理登记提供便利。

电子商务平台经营者应当依照税收征收管理法律、行政法规的规定，向税务部门报送平台内经营者的身份信息和与纳税有关的信息，并应当提示依照本法第 10 条规定不需要办理市场主体登记的电子商务经营者依照本法第 11 条第 2 款的规定办理税务登记。

【报告的义务】第 29 条 电子商务平台经营者发现平台内的商品或者服务信息存在违反本法第 12 条、第 13 条规定情形的，应当依法采取必要的处置措施，并向有关主管部门报告。

【保护、报告的义务】第 30 条 电子商务平台经营者应当采取技术措施和其他必要措施保证其网络安全、稳定运行，防范网络违法犯罪活动，有效应对网络安全事件，保障电子商务交易安全。

电子商务平台经营者应当制定网络安全事件应急预案，发生网络安全事件时，应当立即启动应急预案，采取相应的补救措施，并向有关主管部门报告。

【合理经营的义务】第 35 条 电子商务平台经营者不得利用服务协议、交易规则以及技术等手段，对平台内经营者在平台内的交易、交易价格以及与其他经营者的交易等进行不合理限制或者附加不合理条件，或者向平台内经营者收取不合理费用。

【合理经营的义务】第 37 条 电子商务平台经营者在其平台上开展自营业务的，应当以显著方式区分标记自营业务和平台内经营者开展的业务，不得误导消费者。

【连带、相应责任】第 38 条　电子商务平台经营者知道或者应当知道平台内经营者销售的商品或者提供的服务不符合保障人身、财产安全的要求，或者有其他侵害消费者合法权益行为，未采取必要措施的，依法与该平台内经营者承担连带责任。

对关系消费者生命健康的商品或者服务，电子商务平台经营者对平台内经营者的资质资格未尽到审核义务，或者对消费者未尽到安全保障义务，造成消费者损害的，依法承担相应的责任。

【通知-删除规则】第 42 条　知识产权权利人认为其知识产权受到侵害的，有权通知电子商务平台经营者采取删除、屏蔽、断开链接、终止交易和服务等必要措施。通知应当包括构成侵权的初步证据。

电子商务平台经营者接到通知后，应当及时采取必要措施，并将该通知转送平台内经营者；未及时采取必要措施的，对损害的扩大部分与平台内经营者承担连带责任。

【知识产权的义务】第 45 条　电子商务平台经营者知道或者应当知道平台内经营者侵犯知识产权的，应当采取删除、屏蔽、断开链接、终止交易和服务等必要措施；未采取必要措施的，与侵权人承担连带责任。

第 81 条　电子商务平台经营者违反本法规定，有下列行为之一的，由市场监督管理部门责令限期改正，可以处二万元以上十万元以下的罚款；情节严重的，处十万元以上五十万元以下的罚款：

第一，未在首页显著位置持续公示平台服务协议、交易规则信息或者上述信息的链接标识的。

第二，修改交易规则未在首页显著位置公开征求意见，未按照规定的时间提前公示修改内容，或者阻止平台内经营者退出的。

第三，未以显著方式区分标记自营业务和平台内经营者开展的业务的。

第四，未为消费者提供对平台内销售的商品或者提供的服务进行评价的途径，或者擅自删除消费者的评价的。

电子商务平台经营者违反本法第 40 条规定，对竞价排名的商品或者服务未显著标明"广告"的，依照《中华人民共和国广告法》的规定处罚。

第 82 条　电子商务平台经营者违反本法第 35 条规定，对平台内经营者在平台内的交易、交易价格或者与其他经营者的交易等进行不合理限制或者附加不合理条件，或者向平台内经营者收取不合理费用的，由市场监督管理部门责令限期改正，可以处五万元以上五十万元以下的罚款；情节严重的，处五十万元以上二百万元以下的罚款。

第 83 条 电子商务平台经营者违反本法第 38 条规定，对平台内经营者侵害消费者合法权益行为未采取必要措施，或者对平台内经营者未尽到资质资格审核义务，或者对消费者未尽到安全保障义务的，由市场监督管理部门责令限期改正，可以处五万元以上五十万元以下的罚款；情节严重的，责令停业整顿，并处五十万元以上二百万元以下的罚款。

第 84 条 电子商务平台经营者违反本法第 42 条、第 45 条规定，对平台内经营者实施侵犯知识产权行为未依法采取必要措施的，由有关知识产权行政部门责令限期改正；逾期不改正的，处五万元以上五十万元以下的罚款；情节严重的，处五十万元以上二百万元以下的罚款。

第二节　美国网络平台法律责任制度摘编

一、民事

1. 美国国会《通信规范法案》1996 年公布

第 230 条 C 款第（1）条

【免责条款】互动式计算机服务的提供者或使用者，不应当被看作其他信息内容提供者所提供的信息的出版者或发布者。

2. 美国国会《数字千年版权法》1998 年公布

第 512 条

【服务商类型化】暂时传输、系统缓存、根据用户指示在系统或网络中存储信息和信息搜索工具。

【"避风港原则"适用条件之一】网络服务商的行为首先需要满足两个条件：其必须采取并合理实施了有效的措施，并告知其会员和其他用户，在特定情况下，对事实重复侵权行为的会员或其他用户终止服务；其必须采取"标准技术措施"，且不与之相抵触。

【"避风港原则"适用条件之二】需要再考量第512条C款所说明的条件：网络服务商并不知道侵权行为，在得知或意识到的情况下，就立即撤下侵权材料，或封堵侵权材料的访问入口；如果网络服务商有权利和能力对侵权行为进行控制，其必须没有直接从侵权行为中获得经济利益；在收到合理的侵权通知以后，网络服务商必须迅速撤下侵权内容或停止对侵权内容的访问。

【通知要素】通知必须是真实可靠，并且有授权人签字或电子签名的；必须是基于善意的相信其所报告的侵权内容的使用是未经授权的；明确识别被指控侵权的作品；明确识别侵权材料并提供能够有效允许网络服务商对侵权材料进行定位的合理信息。

二、刑事

1. 美国国会《通信规范法案》1996年公布

第230条

【一般免责规定】被告必须是交互式计算机服务的提供者或使用者；原告必须将被告视为有害信息的出版者或发布者；有害信息的内容必须来自第三方。

【免责例外】联邦刑事责任；已有知识产权法律规定；各州指定的与本法相符的法规，但是，各州不得制定与第230条相冲突的法律；1986年《电子通信隐私法》及其修正案的规定不受影响。

第231条

【淫秽或骚扰通信罪】提供者向未满18周岁的人发送或展示淫秽或儿童色情信息；提供者在知情的情况下允许他人通过其控制的设备实施此类行为。

【抗辩事由】平台需要证明其基于善意以及采取措施制止未成年人接触有害信息。措施包括但不限于：要求用户提供信用卡、储蓄账户、未成年人准入码或其他成年人身份识别信息；接受确认年龄的电子证书；其他基于当前技术可以采用的合理措施。

第 233 条

【免责情形】同时满足以下条件：某人仅提供设备、系统或网络的接入服务以及相关服务，或者通过他人控制的设备、系统或网络提供接入服务以及相关服务；该接入服务及相关服务并不生成通信的内容信息。

2．美国国会《美国法典》1926 年公布

第 506 条

【侵犯版权类犯罪】任何人故意在 180 日内对一件及以上总价值超过 1000 美元的版权作品，通过包括电子方法在内的方式进行一次及以上复制或散布性行为的，该行为构成犯罪。

第 1028 条

【身份证件、鉴真标识或信息诈骗及相关行为犯罪】行为人明知身份证件或鉴真辨识是盗窃所得或非法制造，故意传输该证件或标识的，其行为构成犯罪。

第 1030 条

【与计算机相关的诈骗等犯罪】任何人在知情的情况下传输程序、信息、编码等，并故意在无授权的情况下通过传输行为破坏被保护的计算机的，其行为构成犯罪。

第 2511 条

【对电信、电子或口头通信的监听和泄露犯罪】故意监听、试图监听或促使他人故意或试图监听任何电信、口头、电子通信；在特定情况下故意或试图使用或促使他人故意或试图使用监听设备以监听特定通信；明知或有理由知道信息是通过对电信、口头或电子通信监听所得，仍故意或试图向他人泄露该信息；明知或有理由知道信息是通过对电信、口头或电子通信监听所得，仍故意或试图使用该信息；为妨碍或干扰有权的犯罪侦查之目的，对于侦查过程中合法监控所得的信息，在明知信息来源和使用目的

的情况下故意或试图向他人泄露该信息。

第 2701 条

【非法获取通信记录犯罪】任何人无权或越权进入电子通信服务所用设备以对该系统存储的电信或电子通信实施获取、变更或阻止合法获取等行为。但行为人获得通信服务提供者授权的，或者其为该服务之用户或者该通信之一方的除外。

第 2702 条

【主动泄露用户通信或相关犯罪记录】公共电子通信服务或远程计算机服务提供者不得在知情的情况下向该通信双方以外的任何人泄露其存储的通信内容。

三、行政

1. 美国国会《联邦贸易委员会法案》1914 年公布

第 5 条

【监管主体及对象】联邦贸易委员会可以对影响商业的不公平的竞争行为和影响商业的不公平的或欺骗性的行为或经营方式进行调查和起诉。

2. 美国国会《通信规范法案》1996 年公布

第 230 条

【责任免除】网络服务提供者给予善意而自愿地对网络上的不健康的信息内容的获取采取限制措施，将不承担民事责任。所谓不健康的信息内容，是指服务提供者认为属于淫秽的、猥亵的、下流的、肮脏的、过度暴力的、骚扰的或其他令人反感的内容，无论这些内容是否受宪法保护。

【家长控制保护服务】网络服务提供者在与用户签订服务提供协议时，应当采取合适的方式，通知用户可以获得家长控制保护服务，以帮助用户控制未成年人接触到有害信息的内容。

3. 美国国会《儿童网上隐私保护法》1998 年公布

网络服务提供者应该在收集个人信息之前披露其隐私政策，并且需要以清晰的语言向儿童的父母做特别提示，告知其收集、使用以及第三人分享个人信息的政策，该提示的内容应当符合法律的要求。

网络服务提供者在从儿童那里收集信息之前应当先行经过儿童父母的同意。

网络服务提供者应该为儿童的父母提供机会和可能，使其能够审阅被收集的信息，能够对该信息未来的后续使用表示反对，并且可以拒绝与他人分享该信息。当父母提出拒绝收集、使用个人信息时，网络服务提供者必须终止相关信息收集使用活动。

网络服务提供者必须对从儿童那里收集信息的数量进行限制，应当尽可能少地收集儿童信息。

网络服务提供者应对信息存储的时间进行限制，当超过必要的存储时间后，应当及时将数据删除，并且网络服务提供者对于其存储的数据应采取措施合理地保障数据的安全。

第三节　德国网络平台法律责任制度摘编

一、民事

1. 欧洲议会及欧盟理事会《电子商务指令》2000 年公布

第 14 条

宿主服务提供者并非自己生产内容，对利用其寄存或托管服务的接受者所展开的网络活动或者发布的网络信息，原则上不承担法律责任。

第一，假若宿主明知或者应当知道其服务中涉及违法活动或者信息，则不得享有责任豁免特权。

第二，服务提供者有义务在获悉或知晓相关违法活动或者信息时，立即移除信息或者阻止他人获取此信息。

宿主服务提供者不应当对违反信息的提供者存在任何授权或者控制情形，若存在则不遵从责任豁免特权规则。

各成员国在各自法律框架内针对终止或者预防侵权以及删除或者屏蔽信息进行进一步规定。

第 15 条

中间服务提供者不应当承担一般性的内容监督义务，也无须主动收集违法活动的情况或者事实。

成员国可立法要求中间服务提供者在发现违法活动或者违法信息之后，承担立即向主管机关报告的义务；应主管机关的要求提供服务接受者的身份信息。

2．德国联邦议院《德国电信媒体法》2007 年公布

第 7 条

【一般原则】第一，根据一般原则，为供他人使用，服务提供者对自己提供的信息承担完全责任。

第二，在本法第 8 条至第 10 条的规定范围内，服务提供者对于传输或存储的信息不承担监管或查明违法信息并主动进行提示的义务。根据第 8 条至第 10 条的规定，虽然服务提供者对违法信息不承担责任，但应当承担依据一般原则而要求其履行删除或对信息使用的屏蔽义务。服务提供者应当遵守《电信媒体法》第 88 条有关通信秘密的相关规定。

第 8 条

【信息的传输服务】第一，对于他人借助其通信网络传输的信息或者为他人传播信息而提供通信网络接入服务，服务提供者对他人所传输的信息不承担责任的前提条件是：没有安排其传输信息；没有筛选所传输信息的对象；没有对所传输的信息进行筛选或更改。如果服务提供者有意与服务的使用者共谋而实施违法行为的，则本条第（1）款的规定排除适用。

第二，本条第（1）款所指的传输以及提供接入的行为包含对所传输信息的自动短暂的缓存行为。但该缓存仅仅是为了实现通信网络中信息的传输，并且该信息的缓存时间不得超过进行传输所必需的合理时间。

第三，本条第（1）款和第（2）款的规定也适用于为使用者提供无线局域网服务的提供者。

第 9 条

【加速信息传输而进行的缓存服务】第一，为使向其他用户传输信息更加有效，对他人所传输的信息进行自动短暂的缓存时，服务提供者对他人所传输的信息进行缓存后不承担责任的前提条件是：提供者没有更改信息；提供者遵守了获取信息的条件；提供者遵守了业界所广泛认可并通用的更新信息的行业规则；提供者没有损害业界所广泛认可并通用的收集个人信息的合法技术；如果提供者得知原始传输来源的信息在网络上已被删除，或者获得该信息的途径已被屏蔽，或者法院或行政机关已下令删除或屏蔽上述信息获取的途径，则提供者应当迅速地删除或屏蔽他人获得其存储的信息的途径。

第二，本条不应当影响法院或行政机关根据成员国的法律制度，要求服务提供者终止或者预防侵权行为的可能性。

第 8 条第（1）款第 2 句的规定同样适用。

第 10 条

【为信息存储而提供的托管（Hosting）服务】服务提供者对于其提供的信息存储托管服务不承担责任的前提条件是：第一，提供者对违法的行为或信息不知情，并且就损害赔偿而言，没有相关的事实和情况表明，该违法活动或违法信息非常明显；第二，提供者在获知后不延迟地删除该违法信息或者屏蔽他人获取信息的路径。

如果使用者是在服务提供者的授权或控制之下进行活动，则本条第 1 款不适用。

二、刑事

1. 德国联邦议会《德国刑法典》1975 年 1 月 1 日施行

第 89 条

【预备实施严重危害国家的暴力犯罪】

【为事实严重危害国家的暴力犯罪建立联系】

第 129 条

【成立犯罪团体】

【成立恐怖组织】

【境外犯罪组织和恐怖组织、没收和征收其财产】

第 130 条

【煽动民众】

【引导他人实施犯罪行为】

第 131 条

【宣扬暴力内容】

第 184 条

【与传播淫秽信息物品有关的犯罪】

2．欧盟《网络犯罪公约》2001 年公布

【非法侵入计算机系统和数据的行为】

【非法截取信息】

【干扰计算机数据】

【干扰计算机系统】

【滥用计算机设备】

【伪造计算机数据】

【计算机诈骗】

【儿童色情犯罪的行为】

【侵犯版权等知识产权的行为】

三、行政

德国联邦议会《改善社交网络中法律执行的法案》2017 年公布

第 1 条

【适用范围】该法针对在德国国内有两百万以上注册用户的平台。

【违法内容】应删除或屏蔽的"违法内容"限于符合刑法若干特定条文

构成要件并具有违法性，即没有阻却违法事由的内容。

第 2 条

【通报义务】凡是每年收到 100 起以上投诉的社交网络服务提供者都有义务就其对投诉的处理行为制作报告，报告应以德文撰写，每半年制作一次，并在联邦公报与自己网站主页上易于发现且可供随时调取之处公布。

报告至少包括以下内容：

（1）对所采取的努力举措做一般性的介绍。

（2）用户递交投诉的机制以及删除和屏蔽的判断标准。

（3）投诉数量，并根据投诉受理机构、投诉用户和投诉原因进行分类列明。

（4）处理投诉的工作单位以及培训和照管处理投诉人员的组织机构，其相关人员配备、专业能力和语言能力。

（5）如果网络平台属于某个行业协会，该协会中投诉受理机构的情况。

（6）若处理之前向外部机构咨询意见，该种情况的数量。

（7）被删除或屏蔽的信息数量，同样根据投诉受理机构、投诉用户和投诉原因进行分类列明；是否存在因事实情况不明让用户陈述的情况；是否存在转递给专门的机构处理的情况。

（8）从收到投诉到删除或者屏蔽之间的时间，按 24 小时内、48 小时内、一周内以及更晚的时间标识，而且同样根据投诉受理机构、投诉用户和投诉原因进行分类列明。

（9）通知投诉者和用户处理决定的措施。

第 3 条

【对违法信息投诉与处理的程序】社交平台提供给用户一个易于识别且能直接、持续利用的投诉程序，即用户投诉友好程序。

除非与刑事侦查或追诉机关另有约定，否则明显违法内容的删除或屏蔽时限是收到投诉后 24 小时内。其他违法内容的删除或屏蔽时限是 7 日内，但以下两种情况容许突破 7 日时限。第一种是违法与否的判定取决于事实陈述的真伪或其他事实情状。第二种是平台将判断内容违法与否的决定权交给一个合乎法律要求的"受监管的自我规制"机构，并服从其所做决定。

受监管的自我规制机构应该符合以下条件：审查违法内容的人员应该具有独立性并具备专业知识；应该确保在 7 日内迅速完成审查；应该有一套程序规制，规范审查范围、流程以及加入的平台提交投诉案的义务，并提供对其决定进行重申的机会；应该设置申诉部门；应该开放给其他尚未介入的社交网络平台加入。此机构的资格认定或撤销由联邦司法局负责。

平台或其委托的受监管的自我规制机构应将投诉审查结果及其理由立即通知投诉人与发表或传播违法内容的用户。每件投诉案及其处理结果都应记录在案。如做出删除违法内容的决定，给予证据保存与刑事追诉的目的，该内容应当存储 10 周。

第 4 条

【行政处罚】联邦司法局可就违反该法的行为，对社交网络平台处以罚款。即使违法行为不在德国国内发生，也可给予行政处罚。违反上述关于国内联系代表的规定，可处最高 50 万欧元的罚款。违反关于报告制作与公布或者投诉处理程序的规定，可处最高 5000 万欧元的罚款。

第四节　英国网络平台法律制度摘编

一、民事

1. 英国议会《电子商务条例》2002 年公布

第 17 条

【单纯通道】第一，如果信息社会服务的提供构成对服务接受者所提供的信息的网络通信传输，或者属于通信网络的介入服务，那么在下列条件下，服务提供者将不对信息传输的结果承担任何的损害赔偿或其他金钱救济的责任，或任何的刑事责任。

（a）不是信息传输的发起者。

（b）没有挑选信息传输的接收者。

（c）没有选择或修改传输中包含的信息。

第二，第 1 款中的信息传输与接入行为，包括传输中的信息在下列情形下的自动化的、中介性质的、临时性的信息储存：

（a）信息传输为该网络通信的唯一目的。

（b）信息不会在超出传输所需合理的、必要的时间外长期储存。

第 18 条

【高速缓存】如果信息社会服务的提供构成对服务接受者所提供的信息的网络通信传输，那么在下列条件下服务提供者将不对信息传输的结果承担任何的损害赔偿或其他金钱救济的责任，或任何的刑事责任。

（a）该信息是自动化的、中介性质的、临时性的储存，且该储存的唯一目的在于基于其他信息接收者要求而提高信息上传的效率。

（b）服务提供者没有更改信息；符合获取信息的条件；符合与信息更新有关的规则，尤其是被行业广泛认同与使用的规则；没有为了使用信息而在获取数据时违背该被行业所认可和遵循的对技术的合法使用原则；以及一旦事实上获知该信息在其传输的源头已被从网上移除，或已被禁止访问，或者法院或行政机关已命令将其移除或禁止访问，立即采取行动将该信息移除或禁止对其访问。

第 19 条

【主机托管】如果信息社会服务的提供构成对服务接受者所提供的信息的存储，那么在下列条件下，服务提供者将不对信息存储的结果承担任何的损害赔偿或其他金钱救济的责任，或任何的刑事责任。

（a）该服务提供者：对非法活动或信息并非实际知晓，并且当有人提出索赔请求时，并不知晓可以明显显示该活动或信息非法的事实或情况，或者一旦获知或知晓，迅速采取措施移除该信息或禁止对其访问。

（b）该服务的接受者并非是在服务提供者的授权或控制下进行活动的。

第 22 条

【可认定实际知晓的通知】为了决定服务提供者是否有第 18 条及第 19

条规定目的之实际知晓，法院应对相关特定情况下的所有方面予以考虑：

（a）服务提供者是否依照第 6 条第（1）款（c）项规定，通过有效途径收到通知。

（b）该通知的详尽程度应包括通知发出者的全名及地址、所提到信息的详细位置，以及所提到活动或信息违法性质的详情。

2．英国议会《名誉权法案》1996 年公布

第 1 条

【抗辩事由】他不是被诉文章的作者、编辑或出版者；他在与出版有关的事项中尽到了合理的注意，并且他不知道，且没有理由相信，他的所作所为引起了或促成了侵害他人名誉的文章的出版。

3．英国议会《名誉权法案》2013 年公布

第 5 条

【义务责任】第一，该条适用于对网站经营者提起的与在网站上发表的言论有关的名誉侵权诉讼。

第二，该经营者可提出其不是发表涉诉言论的发表者的抗辩。

第三，如果原告能够证明下列事项，网站经营者的上述抗辩将被击败。

（a）原告无法识别是谁发布的涉诉言论。

（b）原告就该言论向网站经营者提出了投诉通知。

（c）网站经营者未能按照条例的规定对投诉通知做出回应。

第四，就第三项而言，只有当原告能够获取对他人提起诉讼所需要的足够的信息时，才可以认定其能够"识别"出该人身份。

第五，条例可以对以下事项做出规定。

（a）网站经营者为了回应投诉通知而应采取的行动（尤其是可以规定与言论发布者的身份或联系信息相关的行动，以及与删除相关的行动）。

（b）采取上述行动的期限。

（c）授予法院以自由裁量权，法院可以适时地将在上述期限届满后采取的行动等同于期限届满前采取的行动。

（d）其他事项。

第六，除第七项的规定外，一项投诉通知应当满足下列条件才被认定

为合格的通知。

（a）列明投诉者的姓名。

（b）列出投诉的言论，并说明为什么认为该言论侵害了投诉者的名誉。

（c）注明该言论发布的网址。

（d）条例规定的其他信息。

第七，条例可以规定一些特殊情形，即使一项投诉通知不满足通知的条件，也被认定为通知。

第八，（与主题关联不大，略去翻译）

第九，（与主题关联不大，略去翻译）

第十，本条所称"条例"是指国务大臣发布的条例。

第十一，如果原告能够证明网站经营者对于所涉言论的发布是有恶意的，那么网站经营者的抗辩将不能成立。

第十二，不能仅仅因为网站经营者对于他人发布的言论进行了自律审核就认为其抗辩不能成立。

另外，根据第 13 条第（1）款（a）的规定：

第 13 条第（1）款　当法院在名誉权诉讼做出有利于原告的判决时，可以命令：

（a）载有侵害他人名誉权言论的网站的经营者移除该言论。

4．英国议会《版权、设计与专利法》1988 年公布

第 16 条

【侵权类型】侵害他人版权既包括侵权人直接实施侵权行为，也包括侵权人"授权"他人实施。

第 20 条

【禁令】第一，当服务提供者实际知道他人使用其服务从事侵害版权的行为时，高等法院有权发布针对服务提供者的禁令。

第二，在判断服务提供者是否"实际知道"时，法院应根据具体情形考虑各种因素，其中，应注意：（a）服务提供者是否通过一定的联系方式而收到了通知；（b）通知内容包括发送通知的人的姓名全称和地址、侵权问题的详情。

5．英国议会《数字经济法》2010 年公布

第 3 条

【向用户通知侵权报告的义务】第一，著作权人认为存在下列情形之一，适用本条。

（a）网络接入服务用户通过该服务侵犯了该权利人的著作权。

（b）网络接入服务用户允许他人使用该服务，而该他人侵犯了该权利人的著作权。

第二，如果第 124 条之三或第 124 条之四中的细则（"初始义务细则"）允许，该权利人可以向提供网络接入服务的网络服务提供者发送著作权侵权报告。

第三，"著作权侵权报告"是指这种报告：

（a）声明存在对该权利人著作权的侵权；

（b）包括对明显侵权的描述；

（c）包括表明了用户的 IP 地址和证据取得时间的明显侵权证据；

（d）在证据取得后 1 个月内发向网络服务提供者；

（e）符合初始义务细则的其他要求。

第四，接到著作权侵权报告的网络服务提供者应当就该报告向用户发出通知——如果初始义务细则有这种要求。

第五，第四款规定的通知应当在自网络服务提供者接到报告之日起 1 个月内向用户发出。

第六，第四款规定的通知应当包括：

（a）通知是按本条款的规定应著作权侵权报告发出的声明；

（b）发送报告的著作权人的姓名（名称）；

（c）对明显侵权的描述；

（d）表明了用户的 IP 地址和证据取得时间的明显侵权证据；

（e）关于用户申诉的信息和可以申诉的理由；

（f）关于著作权及其宗旨的信息；

（g）关于如何获得正版作品的建议，或者能够使用户获得这种建议的信息；

（h）关于用户能够采取的避免他人未经授权使用其网络接入服务的措施的建议，或者能够使用户获得这种建议的信息；

（i）初始义务细则要求通知应包含的其他内容。

第七，为第六款第（h）项的目的，网络服务提供者应当考虑到用户在不同情况下可以采取的不同措施。

第八，第六款第（i）项要求的内容，无论在一般还是特殊情况下，包括：

（a）关于明显侵权的信息可能被网络服务提供者保存的声明；

（b）关于著作权人可能要求网络服务提供者披露著作权人的哪个著作权侵权报告与该用户有关的声明；

（c）关于做出这种披露之后，著作权人可能向法院申请获知用户身份并控告用户侵犯著作权的声明；

（d）当要求提供者发送通知是部分基于已按第四款通知过的报告时，还应当包括对该用户发出著作权侵权报告的次数可能因技术措施的目的被考虑的声明。

第九，本条款中与用户有关的"通知"，是指向网络服务提供者保有的用户的电子地址或邮寄地址发送通知（不再适用第394条至第396条）。

第 4 条

【向著作权人提供侵权清单的义务】第一，如果存在下列情形，网络服务提供者应当向著作权人提供一定期间内的著作权侵权清单。

（a）著作权人请求提供。

（b）初始义务细则要求网络服务提供者予以提供。

第二，"著作权侵权清单"是指这种清单：

（a）针对每个相关用户，列明权利人向提供者发送的哪个著作权侵权报告与该用户有关。

（b）但是并不足以根据它确定用户的身份。

第三，当权利人向网络服务提供者针对某用户发送的著作权侵权报告已达到"初始义务细则"规定的起点时，该用户是与著作权人和网络服务提供者有关的"相关用户"。

二、刑事

英国议会《音像媒体服务条例》2014 年公布

网络视频点播服务提供商未能按照 BBFC R18 Certificate 就视频进行分级处理的,Ofcom 可以对其处以罚款或网站关闭等处罚。网络视频点播服务提供商未能遵守 Ofcom 或 ATVOD 的规定,未就成人视频点播设定准入限制的,其行为构成犯罪。

三、行政

英国议会《数字经济法》2010 年公布

第 5 条

【初始义务细则的批准】第一,第 124 条之一和第 124 条之二规定的网络服务提供者的义务是"初始义务"。

第二,如果通信办公室认为:

(a)已经存在为规范初始义务的目的制定的细则;

(b)为了该目的批准该细则是适当的,他们可以下达批准该细则的法令,该细则自法令中指定的日期起生效。

第三,按照本条批准的细则可以包含下列规定:

(a)明确可适用于具体案件的使著作权侵权规定或该细则中的权利义务生效的前提条件。

(b)要求著作权人或者网络服务提供者提供认定是否达到第三款(a)项规定的要求的合理信息或帮助。

第四,第三款(a)项的规定可以特别列明某种权利或义务对著作权人不适用,除非该权利人已就下列事项和网络服务提供者做出安排。

(a)在一定期限内权利人可以向提供者发送著作权侵权报告的次数。

(b)权利人对提供者支出的执行成本一定份额的预支。

第五，第三款（a）项规定的条款也可以特别规定：

（a）如果在一定时期内网络服务提供者接到的著作权侵权报告的数量没有达到该细则规定的起点，该细则中的权利义务不适用于该网络服务提供者，除非该细则做出如此安排；

（b）如果达到了上述起点，权利或义务自达到起点之日或者自该日之后的某日起生效。

第六，通信办公室不得批准本条款中的细则，除非已经认定该细则满足了第124条之五规定的标准。

第七，在同一时间，经过批准的有效细则不得超过一个。

第八，通信办公室应当使其批准的细则随时接受复查。

第九，为了第二款提及的目的，通信办公室可以在任何时间以法令的形式——

（a）批准对经过批准的细则的修正；

（b）撤销其对细则的批准，撤销自法令颁布之日起生效；当该细则不能满足第124条之五规定的标准时，应当将其撤销。

第十，对细则或者其修正的批准须经国务大臣的同意。

第十一，在通信办公室按照本条款颁布批准细则或其修正的法令中，应当公布该细则或其修正。

第十二，第403条适用于通信办公室颁布本条款中的法令的权力。

第十三，含有通信办公室按照本条款颁布的法令的规范性法律文件，因上议院或下议院的决议而废止。

第7条

【初始义务细则的内容】第一，第124条之三第六款和第124条之四第六款所指的标准是：

（a）该细则对著作权侵权报告做出符合要求的规定（见第二款）。

（b）对给用户的通知做出符合要求的规定（见第三款、第四款）。

（c）对于确认谁是第124条之二第三款意义上的相关用户的起点（见第五款、第六款）做出规定。

（d）对网络服务提供者应当如何保有用户信息做出规定。

（e）对他们保有用户信息的期限进行限制。

（f）对第 124 条之十三中的法令要求包括的执行成本的分担做出规定。

（g）满足关于该细则的管理和执行的要求（见第七款和第八款）。

（h）满足对于该细则关于用户申诉的要求。

（i）该细则的规定对相关事务的安排客观公正。

（j）相关规定对特定人群和特定人群的表述不构成不合理的歧视。

（k）有关规定与其目标相适应。

（l）与其目标相关，规定是透明的。

第二，对著作权侵权报告做出的必要规定是明确下列事项的规定。

（a）对报告中应当包括的侵权证据取得方式的要求；

（b）应当包括的证据标准；

（c）对报告的形式要求。

第三，网络服务提供者接到的著作权侵权报告中有一份或多份与某用户相关，对于对该用户做出的通知的必要规定是：

（a）对于提供者确认用户时在手段上的要求；

（b）提供者应当就哪些报告通知用户；

（c）对于每次通知的形式、内容、方式的要求。

第四，第三款的规定不得允许在用户通知中为了该通知的目的将做出通知前 12 个月之前接到的著作权侵权报告考虑在内。

第五，按照第一款（c）项适用并受第六款约束的起点，可以参考包括下列一种或多种因素在内的所有因素确定：

（a）著作权侵权报告的数量；

（b）报告的做出时间；

（c）报告中的明显侵权的发生时间。

第六，在按照第一款（c）项适用的起点的操作中，网络服务提供者在某一具体日期前 12 个月之前接到的著作权侵权报告不应影响在该日期是否达到起点的认定，这些报告在按照第 124 条之二提供的著作权侵权清单中也不应被考虑。

第七，关于管理和执行的要求包括：

（a）在该细则中，通信办公室有管理和执行的职能，包括解决权利人—提供者纠纷的职能；

（b）对于通信办公室为管理和执行该细则的目的，从网络服务提供者或著作权人获取任何信息或帮助的合理要求，该细则有充分的安排；

（c）对于在通信办公室因管理和执行该细则发生的成本由网络服务提供者和著作权人承担，该细则有充分的安排。

第八，第七款的规定可以包括，但不限于：

（a）关于向该细则规定的人支付不超过当时的第 124 条之十二第二款规定的最高限额的罚金的规定；

（b）关于要求著作权人赔偿网络服务提供者由于著作权人未能遵守该细则或者著作权侵权规定而遭受的损失的规定。

第九，本条款中的"权利人-提供者纠纷"，是指：

（a）著作权人之间、网络服务提供者之间或者这两类主体之间的纠纷；

（b）涉及初始义务或者初始义务细则的作为或不作为纠纷。

第 14 条

如果网络服务提供商违反了其负有的初始义务或限制网络接入的义务，会受到不超过 25 万英镑的罚款。

第五节　日本网络平台法律制度摘编

一、民事

1. 日本议会《关于特定电信服务提供者的损害赔偿责任限制及向服务提供者请求提供发送者信息的法律》2001 年 11 月公布，2002 年 5 月施行

第 3 条

【损害赔偿责任的限制】为他人提供特定电信的信息传输服务的服务提

供者，对于其用户利用其服务而发送的信息造成他人权利受到损害的，如果其能够从技术上阻止向不特定的人传输侵权的信息，那么除非符合下列情形之一，否则，将对该损害不承担赔偿责任。

第一，服务提供者知道他人使用特定电信进行信息传输，并知道他人权利因该信息传输而受损。

第二，服务提供者知道他人使用特定电信进行信息传输，并且有足够的理由可以认定服务提供者知道该信息传输给他人的权利造成了损害。

【通知-删除规则】特定电信服务提供者有足够的理由相信信息发送者利用特定电信服务而发送的信息侵害了他人权利时，可以在必要的范围内采取技术措施阻止该信息的传输，对于由此给信息发送者造成的损害，特定电信服务提供者不承担损害赔偿责任。

自认为因特定电信的信息传输而使自身的权利受到损害的当事人通知特定电信服务提供者并提交相关侵权信息，并要求其采取技术措施阻止该信息的传输时，特定电信服务提供商向信息发送者出示相关侵权信息并询问其是否同意采取阻止信息传输的措施，如果该信息发送者自收到相关问询之日起 7 日内未回复不同意采取阻止信息传输时，特定电信服务提供者可以采取阻止信息传输的措施而无须对信息发送者承担损害赔偿责任。

第 4 条

【在提供用户信息方面的责任限制】当用户发送的信息明确侵犯了权利主张者的权利时，且该用户的身份信息是权利主张者行使损害赔偿请求权所必要的信息，或具有其他正当理由要求披露该发送信息的用户的身份信息时，权利主张者可以请求特定电信服务者向其披露该用户的身份信息。

特定电信服务提供者在收到请求披露用户信息的申请后，除无法与被控侵权信息的发送者取得联系或存在其他特殊情况之外，应当询问该信息发送者是否愿意披露其身份信息。

2．日本议会《著作权法》1970 年 5 月公布

第 47 条

【网络信息检索服务的责任限制】信息检索服务提供者为了提供信息检索服务，可以在必要的限度内，对于已经在互联网上公开的信息进行复制、储存、改编和提供，从而不构成侵犯著作权，但是，其需要满足两个限制

条件：一是对于在互联网上采取了措施明确禁止信息检索服务提供者收集的信息，不得进行收集；二是信息检索服务提供者明知其提供的信息侵犯他人著作权的，不得再提供。

二、刑事

1. 日本国会《规制利用网上介绍异性的业务引诱儿童的法律》2003年公布

第 31 条

【违反规定或命令】当异性交友网站因违反法律规定收到当地公安委员会的暂停或终止业务的命令后而拒不履行的，将被处以 1 年以下有期徒刑或 100 万日元以下罚金，或数罪并罚。

第 32 条

【设立违法】异性交友网站未按法律规定向公安委员会提出申报便私自开设的，或者向他人出借名义开设异性交友网站的，未遵守公安委员会发布的指示的，将被处于 6 个月以下有期徒刑或 100 万日元以下罚金。

第 33 条

【经营违法】异性交友网站在开办、变更、终止时向公安委员会提交虚假资料的，或者在其经营过程中应公安委员会的要求而提交的资料存在虚假的，应当被处以 30 万日元以下罚金。

2. 日本国会《个人信息保护法》2003 年 5 月公布

第 83 条

【提供个人信息数据库罪】个人信息数据库的经营者或者其从业人员，为了谋取不正当利益而提供、盗用个人信息的，将被处以 1 年以下的拘役或者 50 万日元以下的罚金。

第 84 条

【违反委员会命令】在以下的场合处以 6 个月以下的拘役或者 30 万日元以下的罚金。

第一，违反劝告，没有正当理由，对于不采取委员会劝告措施的经营者，也不遵从委员会的处置命令。

第二，违反紧急命令，使用没有取得同意，超出利用目的实现的范围的个人信息：

以不正当手段取得的个人信息；

没有得到同意的需要注意的信息；

将利用目的向本人通知、公开，为了防止遗失、毁损所采取的必要的安全措施；

为了保证个人数据的安全对从业者采取必要的监督；

在个人数据委托使用的场合对受托者的必要监管；

将个人信息向第三者提供时的通知以及向委员会提交申请手续；

向国外的第三者提供数据时的限制；

将个人数据提供给第三者时的相关记录等；

接受提供的个人数据时的确认、记录等；

保存个人数据相关事项的公开等；

个人数据的公开；

个人数据的修正；

停止个人数据的利用等；

利用目的的通知以及公开等相关的手续费；

匿名加工信息相关的加工方法、安全管理、公开、禁止识别；

经营者将匿名加工信息向第三者提供时的公开；

禁止经营者对匿名加工信息进行识别。

三、行政

1. 日本国会《关于优化青少年可放心上网的环境的法律》2008年6月公布，2009年4月施行

第21条

【采取有效措施的义务】特定服务器管理者在知道他人利用其管理服

器传播对儿童有害的不良信息或者自身计划发送对儿童造成不良影响的内容时，必须采取有效措施，以确保儿童无法通过互联网浏览此不良信息。

第 22 条

【建立举报受理机制的义务】特定服务器管理者必须建立健全互联网不良信息举报受理机制，及时受理公众对不良信息的举报。

第 23 条

【记录保存的义务】特定服务器管理者对于其所采取的防止儿童浏览互联网不良信息的措施，应当进行记录并保存。

2. 日本国会《规制利用网上介绍异性的业务引诱儿童的法律》2003 年公布

第 11 条

【确定当事人的义务】异性交友网站的经营者在应希望进行异性交际的人的要求，通过网络将其相关信息置于公众可浏览的状态并向公众传播或传达给其他人，或将为异性交往提供当事人的通信信息时，必须提前确定欲进行异性交往的人不是儿童。

第 12 条

【积极采取措施的义务】异性交友网站的经营者在知道他人利用其网站实施法律所禁止的对儿童的引诱行为后，必须及时采取措施以确保公众无法浏览到相关信息。除了被动采取措施，网站经营者还应积极采取措施，防止他人利用其网站从事法律所禁止的对儿童的引诱行为。

第六节　韩国网络平台法律制度摘编

一、民事

1. 韩国国会《促进信息通信网络的利用和信息保护法》1986 年公布，1987 年施行

第 32 条

【数据保护的责任】用户因信息通信服务提供者违反了其负有的保护用户个人信息的各项法律义务而遭受损失的,有权向信息通信服务提供者请求损害赔偿。对于信息通信服务提供者而言,除非其能够证明自己没有故意或过失,否则,将对用户遭受的损失承担赔偿责任。

第 44 条

【信息防止的注意】禁止用户在信息网络上传播侵犯他人隐私、损害他人名誉等侵权信息。信息通信服务提供者在自己管理运营的通信网络里必须尽力防止传播第 1 项规定的相关信息。

【及时删除】第一,在信息网络中公开信息存在侵犯他人隐私或损害他人名誉等侵权行为的,受害人有权要求管理该信息的信息通信服务提供者对该侵权事实进行解释,并要求做出删除相关信息后发布澄清公告的处理办法。

第二,当信息通信服务提供者收到第 1 项所规定的删除信息等要求时,必须采取删除等必要的临时措施,同时及时告知投诉人与信息发布者。同时,信息通信服务提供者必须通过发布公告栏等方式告知用户采取必要措施的事实经过。

第三,信息通信服务提供者必须及时删除其管理的信息通信网中被上传的违犯第 42 条规定的标注方式发布的有害青少年身心健康的不良信息,或者在没有采取第 42 条第二款之规定的限制青少年接触的措施下上传宣传有害青少年身心健康的不良信息等相关内容。

第四,即便信息通信服务提供者收到了第 1 项所规定的删除信息的请求,在无法判断是否存在权利侵害时或者预计当事人双方可能存在矛盾冲突时,可以对相关信息采取临时的拦截措施。临时措施的期限在 30 日内。

第五,信息通信服务提供者必须事先将必要措施的内容、步骤等事项在管理章程中明确表现出来。

第六,信息通信服务提供者对在其管理的信息网络中传播的信息实行了第 2 项所规定的必要措施可以减免相应的损害赔偿责任。

【提供用户身份信息】因网络侵权言论而遭受损害的当事人，为了提起民事诉讼或刑事告诉的需要，可以向名誉损害纠纷调解委员会提出请求，要求相关信息通信服务提供者提供其所持有的涉嫌发表侵权言论的用户的信息。

2．韩国国会《著作权法》1957年公布并施行

第102条

【免责情形】第一，在侵权人传输创作品前还未选择创作品或收信人时，单纯提供数据传输的网络服务提供者采取删除其账户措施的，或者及时采取识别、保护创作品的标准技术手段也不能防止侵害发生的，不承担损害赔偿责任。

第二，提供缓存服务的，首先需要符合第一款的全部条件，并且要在不修改创作品的前提下设置创作品访问条件，只向遵守访问条件的用户开放权限；其次复制人、传输人要遵守行业内普遍认同的数据传输规则下的"创作品的现行化"的相关规定，在创作品的发布网站上使用获得创作品等资源的手段不会对相关行业内普遍认同的技术的使用造成阻碍；同时在收到终止复制、传输创作品的请求时，能够及时终止侵权人的访问的，不承担损害赔偿责任。

第三，提供服务器以及第四检索工具服务的，以符合第一款全部条件为前提，网络服务提供者拥有管制侵权行为的权限与能力的，并且没有从该侵权行为中获得直接经济利益的，在发现侵权事实时或通过停止复制、传输行为的请求发现侵权事实或情况存在时，能够及时终止创作品的复制、传输行为并且能够指认、公示出该侵权人的，不承担损害赔偿责任。

【一般性监控、调查义务的排除】对于网络服务中是否有侵权行为发生，网络服务提供者没有进行监控的义务，也没有积极调查侵权行为的义务。

第104条

【对特殊网络服务提供者附加严格的处置义务】主要为他人提供通过计算机相互传输创作品等资源服务的网络服务提供者，在收到权利人的请求后，必须采取一定的技术手段对传输相关创作品等资源的行为进行拦截。

二、刑事

韩国国会《促进信息通信网络的利用和信息保护法》1986 年公布

第 44 条

禁止用户在信息网络上传播淫秽、侵犯他人名誉、恐吓等信息，并规定韩国通信委员会有权要求网络服务提供者或网络论坛的管理者采取措施杜绝、暂停或限制上述法律所禁止的信息进行传播。如果网络服务提供者未遵守上述法律要求，将会受到行政处罚，甚至刑事责任。

三、行政

1. 韩国国会《电子通信事业法》1983 年公布

第 22 条

【特殊类型的附加通信业者的技术措施】登记从事第 22 条第 2 项规定的特殊类型附加通信业的人中，属于第 2 条第 13 号第 1 项规定的从业人员必须根据"促进利用信息通信网及信息保护等有关的法律"第 44 条的规定，采取由总统令确定的防止不法信息流通的技术手段。

第 32 条

【关于拦截有害青少年身心健康的不良信息】使用电波法所分配的频率的电子通信业者，按照青少年保护法的规定与青少年签订提供电子通信服务的合同时，必须对青少年保护法第 2 条第 3 号规定的有害青少年身心健康的不良信息及"促进利用信息通信网及信息保护等有关的法律"第 44 条规定的淫秽信息采取一定的拦截措施。

韩国放送通信委员会可以对第 1 项规定的拦截措施进行检查，而第 1 项所规定的拦截方式及顺序等必要的事项是通过总统令加以规定的。

2. 韩国国会《与儿童、青少年性保护相关的法律》2010年1月1日施行

第17条

第一，网络服务提供者存在以下情形的，处以3年以下有期徒刑或2000万韩元以下的罚金：在自身管理经营的通信网络中没有采取总统令所规定的措施查找利用儿童、青少年制作的淫秽信息的，或者没有对查到的利用儿童、青少年制作的淫秽信息采取及时删除、防止传输或者拦截等技术手段的。但是，网络服务提供者在信息通信网中对查找利用儿童、青少年制作的淫秽信息已经尽到相当的注意义务的，或者对已查到的利用儿童、青少年制作的淫秽信息采取拦截、中断传输措施的过程中存在显著的技术难度的除外。

第二，用户通过计算机等设备搜索、上传或下载已储存的创作品等资源时，韩国《著作权法》第104条规定的特别网络服务提供者应当根据总统令等规定在相应界面或上传系统上明确标注制作、传播、持有利用儿童、青少年制作的淫秽信息的人将收到法律处罚的警告。

3. 韩国国会《著作权法》1957年公布并施行

第142条

如果特殊网络服务提供者未依照第104条的规定采取特别处置措施，将被处以不超过3000万韩元的罚款。

第133条

如果一名网络用户或网络公告板因违法复制或传播而收到三次以上警告的，文化体育观光部可以命令网络服务提供商暂停其账户最长不超过6个月。如果网络服务商未执行该命令，那么依照第142条第2款，其将被处以不超过1000万韩元的罚款。

对于提供电子公告板服务的网络服务提供者，如果其收到文化教育观光部的要求删除或停止对非法复制品传输的命令达三次以上，出现严重混乱，影响到著作权使用秩序时，会被文化教育观光部命令停止公告板服务。

参考文献

[1] 徐晋. 平台经济法学[M]. 2 版. 上海：上海交通大学出版社. 2013.

[2] 梁超译. 关于互联网中介商责任的名词术语解释[J]. 汕头大学学报（人文社会科学版），2017, 33(7): 54-56.

[3] 今日头条出大招"千人万元计划"支持原创[N]. http://mt.sohu.com/20151113/n426296111.shtml.

[4] 腾讯推"芒种计划"自媒体如何才能拿到 2 亿元的补贴[N]. http://it.sohu.com/20160302/n439139371.shtml.

[5] 腾讯发布"芒种计划 2.0"计划花 12 亿元扶持内容生产[N]. http://www.stdaily.com/index/hulianwang/2017-03/01/content_520218.shtml.

[6] 百度百家号宣布 2017 年给内容分成 100 亿元发布百度写作大脑[N]. http://tech.sina.com.cn/i/2016-11-24/doc-ifxyawmn9951081.shtml.

[7] 为什么说阿里文娱大鱼号是要杀死今日头条[N]. http://it.sohu.com/20170402/n486197344.shtml.

[8] Stratton Oakmont, Inc. v. Prodigy Service Co., N.Y.S.2d, 1995 WL 323710.

[9] Zeran v. America Online, Inc., 129 F.3d 327 (4th Cir. 1997).

[10] Doe v. MySpace, Inc., 528 F.3d 413 (5th Cir. 2008). Stratton Oakmont, Inc. v. Prodigy Service Co., N.Y.S.2d, 1995 WL 323710.

[11] 欧盟分享经济的春天？——欧盟发布分享经济指南[N]. 腾讯研究院. http://www.tisi.org/4658.

[12] 欧洲人权法院：网站不需要为读者评论负责[N]. http://www.cnbeta.com/articles/tech/473551.htm.

[13] Vgl. BGH GRUR 2011, 1038–Stiftparfüm.

[14] OLG Köln: "Steffi Graf", MMR 2002, 548.

[15] 易珍春：近几年涉动漫游戏案件数量、诉讼标的额明显提高[N]. http://news.china.com/news100/11038989/20170411/30409343.html.

[16] 杨立新. 网络平台提供者的附条件不真正连带责任与部分连带责任[J]. 法律科学（西北政法大学学报），2015(1)：166-177.

[17] 云计算领域平台责任适用问题研讨会在京召开[N]. http://www.iprchn.com/Index_NewsContent.aspx?NewsId=101991.

[18] Twitter 推出"Buy"按钮正式进军电子商务领域[N]. http://it.sohu.com/20140909/n404157218.shtml.

[19] 微信将建立品牌维权流程　用户可提供售假线索[N]. http://tech.qq.com/a/20150312/062811.htm.

[20] 张明楷. 论帮助网络犯罪活动罪[J]. 政治与法律，2016(2).

[21] 银监会牵头九部委讲话：三类 P2P 网贷涉嫌非法集资[N]. http://www.techweb.com.cn/internet/2013-11-26/1362208.shtml.

[22] 习近平在网信工作座谈会上的讲话全文发表[N]. http://www.xinhuanet.com//politics/2016-04/25/c_1118731175.htm.

[23] 陈华. 走向文化自觉——中国网络媒体行业自律机制研究[M]. 北京：人民出版社，2011.

[24] 关于印发《互联网站管理协调工作方案》的通知[N]. http://zw.hainan.gov.cn/data/news/2016/09/63348/.

[25] 周辉. 平台责任与私权力[J]. 电子知识产权，2015(6): 39-45.

[26] 姜明安. 行政法与行政诉讼法[M]. 6 版. 北京：北京大学出版社，2015.

[27] 人民日报. 德国强化社交网络管理[N]. http://world.people.com.cn/n1/2015/1226/c1002-27979003.html.

[28] 德国施行《社交媒体管理法》强化社交网络平台管理责任[N]. https://news.qq.com/a/20180128/014100.htm.

[29] 周学峰，查云飞. 德国《网络执行法》全面解读[N]. http://www.tisi.org/5021.

[30] 德勤. 2018 数字媒体趋势调查——数字消费者的新选择（Digital media trends survey, A new world of choice for digital consumers）[N]. http://www.useit.com.cn/thread-18387-1-1.html.

[31] Merriam-Webster Dictionary. profiling[N]. https://www.merriam-webster.com/dictionary/profiling.

[32] Federal Trade Commission Staff Report. Self-Regulatory Principles For Online Behavioral Advertising: Tracking, Targeting, and Technology[N]. https://www.ftc.gov/reports/federal-trade-commission-staff-report-self-regulatory-principles-online-behavioral.

[33] The Scoring of America. How Secret Consumer Scores Threaten Your Privacy and Your Future, World Privacy Forum[N]. www.worldprivacyforum.org/category/report-the-scoring-of-america/.

[34] Australian Best Practice Guideline for Online Behavioural Advertising, ADAA（AANA, adma, AIMIA, iab Australia, internet industry association, media federation of Australia, the communications council）.

[35] 新浪微博黄波. 千人千面，机器学习赋能用户信息流消费[N]. http://dy.163.com/v2/article/detail/CVIUFERP0511FQO9.html.

[36] 广证恒生. 大数据专题行业篇：个人征信牌照箭在弦上，大数据征信千亿市场待启[N]. vip.stock.finance.sina.com.cn/q/go.php/vReport_Show/kind/strategy/rptid/3169758/index.phtml.

[37] 中国人民银行. 百行征信有限公司个人征信业务申请已受理[N]. http://china.cnr.cn/ygxw/20180105/t20180105_524088274.shtml.

[38] 蔡越坤. 穆迪评百行征信设立：对个人贷款资产质量具有正面信用影响[N]. http://www.eeo.com.cn/2018/0301/323437.shtml.

[39] 黄倩薇. 征信业"超级枢纽"获许可[N]. http://creditgd.southcn.com/c/2018-03/06/content_181006223.htm.

[40] 工业和信息化部电子科学技术情报研究所网络舆情研究中心. 2017 年中国网络媒体公信力调查报告[N]. http://iporc.etiri.com.cn/u/cms/www/

201802/26102228wq2a.pdf.

[41] 董小菲. 算法机制对媒体社会责任的影响[N]. http://media.people.com.cn/n1/2017/1114/c415258-29645811.html.

[42] 京东法律研究院. 欧盟数据宪章——《一般数据保护条例》GDPR 评述及实务指引[M]. 北京：法律出版社，2018.

[43] 张新宝, 任鸿雁. 我国产品责任制度: 守成与创新[J]. 北方法学, 2012(3): 7-21.

后　记

本书是我在博士后出站报告基础上修改加工而成的，能截稿出版，既充满期待，也满怀忐忑与不安。网络平台法律的研究更新迭代速度过快，使我在写作过程中总觉得不够完美，总有新问题应接不暇，总希望有新思路能不断补充、修正，生怕亵渎。

由于工作关系，我参加了多次涉及网络平台责任的研讨会，参与了数十部中国互联网相关法律、行政法规、规章等立法草案的讨论修订，背后都浮现出社会各界对网络平台范围界定、责任划分的纠结和深入思考。网络平台出现后，在网络平台和追责主体、网络平台和行为主体这两对新的关系（既包括法律责任，也包括社会责任）之间，产生了大量的争议和困惑——责任边界到底在哪里？在普通消费者、市场竞争规则、社会公共治理等几个层面的边界中，立场究竟该如何抉择？在每次出现热点事件时，同样的问题都被反复提及；在各领域的网络平台规则制定中，这个问题也总会成为不可或缺的核心问题。以网络平台为核心的网络法律制度的重塑和以数据生产资料为核心的权属、流转及个人信息保护等法律问题的研究，相信必定会成为未来数字社会法律制度构建的"一体两翼"，非常值得继续深耕探索。

本书是对博士、博士后期间研究成果的总结，也是新的起点，网络平台法律领域未知还远远多于已知。大航海时代把人类散落在各处的文明与物种相连接，实现物理意义的连接。互联网时代将人类科技、工业、文化等进一步相连相融，人类实现精神意义的连接。信息革命席卷世界，在技术的滚滚洪流面前，你我微不足道。有机会生在一个伟大变革的时代，有机会加入腾讯这一世界领先的互联网企业，有机会近距离观察并强迫自己主动跳离站在一个更高、更宏大的格局进行思考，能用理论指导实践并不断校验修正，实之我幸。

中国的互联产业发展的 20 余年经历了从"拿来主义"到"本土创新"的转型升级，尤其是移动互联网时代中国企业在数字经济领域的创新已经世界领先。法学研究的立场也开始从"西方为主"转向"本土关注"，法律制度与公共政策制定，与一个民族、国家的历史文化传统、数字经济发展阶段、网络商业竞争环境息息相关。因此在研究中，我总是不断提醒自己要避免陷入误区，避免盲从域外经验，而是努力在法律的普遍性、网络信息的技术产业特性和我国国情的特殊性之间，寻求平衡兼顾各方利益的良法之治。

在写作过程中，首先感谢我的博士后导师中国社会科学院法学所副所长周汉华研究员及博士导师人民大学新闻学院宋建武教授。几年来，两位导师都给予我非常多的指引与帮助，他们谦逊和善、严谨治学，是我做人做事的榜样。此外要感谢腾讯研究院院长司晓及赵治、王融、柳雁军、彭宏洁、彭云、易镁金、曹建峰等多位领导、伙伴的专业帮助、支持，同时也要感谢北京大学中国社会与发展研究中心主任邱泽奇教授、华东政法大学法律学院高富平教授等多位师长的悉心点拨，最后还要感谢中国互联网企业的同仁们，感谢你们无穷的智慧和不懈的努力，丰富的产业实践为研究提供了多元观察的视角和理论校验的机会。

最后，还要衷心感谢一路走来支持我的家人，没有你们的无私奉献，我无法在紧张的工作之余完成学习任务和书稿撰写，你们是我继续前进的动力！

杨　乐

2020 年春　北京